Familien-Reiseführer

PROVENCE
MIT CÔTE D'AZUR

COMPANIONS

Diese Zeichen und Symbole begleiten Sie durch das ganze Buch und geben Ihnen besondere Informationen:

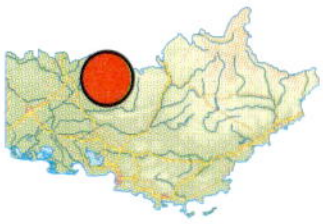

Die Mini-Karte von der Provence und der Côte d'Azur mit dem dicken farbigen Punkt zeigt Ihnen auf einen Blick, an welchem Ort sich die jeweilige Adresse befindet.

In den orangefarbenen Kästen mit dem lustigen Kindergesicht stehen tolle Tipps oder Geschichten für Kinder.

Infos zur Region oder spezielle Empfehlungen für die Eltern gibt's in den grünen Kästen mit dem Wegweiser.

Regionale kulinarische Genüsse oder ein Restaurant, in dem auch Ihre Kinder auf ihre Kosten kommen, finden Sie in den blauen Kästen.

Der rote Punkt markiert Info-Blöcke, in denen z.B. am Ende der Touren alle wichtigen Fakten zu den genannten Adressen zusammengefasst sind.

Andreas Lück arbeitet seit mehreren Jahren freiberuflich als Autor und Redakteur. Als bekennender Fan provenzalischer Lebensart verbringt er zusammen mit seiner Familie jeden Sommer in Südfrankreich. Gemeinsam entdecken sie neue Attraktionen für Eltern und Kinder.

PROVENCE MIT CÔTE D'AZUR

Die Provence und die Côte d'Azur für Eltern und Kinder

Grand Canyon du Verdon

Bekennen seit Jahrhunderten Flagge: die Grimaldis in Monaco

Kinderfreundliche Strände

Brunnen bei Fontaine-de-Vaucluse

Zehn Touren, die allen Spaß machen

Die tollsten Attraktionen für Kinder

Gut zu wissen

Kiddie-Bande im Petite Ferme

45

Die Provence und die Côte d'Azur für Eltern und Kinder

Die Provence und die Côte d'Azur entdecken

Côte d'Azur - da denkt man gleich an Prinzen, Playboys und Promis, die sich auf Jachten in der Sonne aalen oder bei Strandpartys mit Champagner bespritzen. »Das soll ein geeignetes Ferienziel für meine Kinder sein?«, mag sich manch einer denken. Sicher, die blaue Küste hat immer noch gegen das Schickimicki-Image zu kämpfen, das sie sich selbst zugelegt hat. Doch die Wirklichkeit sieht anders aus. Selbst klassische High-Society-Treffs wie St-Tropez, Cannes, Nizza und Monaco haben ein Herz für Kinder. Zigtausende Franzosen und Millionen ausländischer Touristen, die jedes Jahr mit Kind und Kegel nach Südfrankreich düsen, können sich nicht irren. Und außerdem gibt es ja nicht nur die Küste. Immer mehr Reisende zieht es ins Hinterland, in dem es auch für Kinder unglaublich viel zu entdecken gibt - wie wär's zum Beispiel mit einer spritzigen Paddeltour durch den abenteuerlichen Canyon du Verdon? Oder einem Besuch in der Burgruine Les Baux, wo man auf mittelalterlichen Katapulten und Burgmauern herumklettern kann. Super: Direkt nebenan sorgt eine Monsterhöhle für Gänsehautschauer. Ein ganz besonderes Highlight sind der Pinienzapfenzug, der Groß und Klein ins Hinterland kutschiert - und die Adler von Beaucaire, die schon so manche Frisur durcheinander gebracht haben.

LANDSCHAFTLICHE VIELFALT

Die Landschaft der Provence lässt sich in drei große Landschaftsräume einteilen. Das Rhônetal beginnt bei Lyon. Von dort bahnt sich der zweitlängste Fluss Frankreichs seinen Weg über Avignon, Tarascon und Arles bis in die Camargue, wo er kraftlos im Mittelmeer versickert. Die Küste gliedert sich von West nach Ost in vier Zonen: Côte Bleue (östlich von Marseille, Calanques), Côte des Maures (Sanary-sur-Mer bis Fréjus), Côte de l'Esterel (St-Raphaël-Cannes) und die eigentliche Côte d'Azur, die nach klassischer Definition in Cannes beginnt und in Menton endet. Das Hinterland, der dritte Landschaftsraum, erstreckt sich von den lieblichen Bergketten der Alpilles im Westen bis zu den schneebedeckten Seealpen an der italienischen Grenze. Mit Gipfeln über 3.000 Meter, tiefen Schluchten, reißenden Gebirgsbächen, Adlern und sogar Wölfen ist dieser wilde Osten der Provence das Nonplusultra für Naturfreaks. Zwischen diesen Extremen liegen beliebte Ausflugsziele wie der Lubéron, Mont Ventoux, Cap Canaille (mit den höchsten Klippen Frankreichs), Massif des Maures, Massif de l'Esterel und das Naturwunder Grand Canyon du Verdon, die größte Schlucht Europas.

Mistral und die Félibrige

Die Félibrige, ein 1854 in Châteauneuf-de-Gadagne gegründeter Literaturkreis, hatte sich zur Aufgabe gemacht, die provenzalische Sprache wiederzubeleben und ihr einen gebührenden literarischen Rang einzuräumen. Galionsfigur der Bewegung war der berühmte Dichter Frédéric Mistral (1830-1914). Die Schriftsteller gaben provenzalische Zeitschriften und Bücher heraus und gründeten 1890 das Musée Arlaten in Arles (siehe Kasten Seite 43). Auf Mistral, der 1904 den Literaturnobelpreis erhielt, trifft man in der gesamten Provence. Am bekanntesten ist das Denkmal auf dem Forum von Arles.

Seglerfreuden vor Théoule-sur-Mer

Lavendel zum Essen?

Lavendel, das Symbol der Provence, ist als Duftessenz berühmt. Die blau leuchtenden Blüten werden auch als Heilmittel gegen Kopfschmerzen, Rheuma und Bronchitis genutzt, aber essen? In den Küchen der Vaucluse gehören Lavendelblüten zum festen Bestandteil feiner Gerichte. Hier reicht man z.B. Lavendelbutter zu pochiertem Steinbutt. Und seit über hundert Jahren gewinnt man in Sault feinstes Nougat aus duftendem Lavendelhonig.

KLIMA & CO

Die meisten Touristen zieht es an die Küste, die mit 3.000 Sonnenstunden im Jahr vom Klima besonders verwöhnt wird. In Menton, dem wärmsten Ort der Riviera, wachsen sogar Zitronen. Der Sommer ist mit einer Durchschnittstemperatur von 25 Grad vergleichsweise mild, heiß her geht es allerdings im August. Besonders schön sind Mai und Juni mit milden Temperaturen und langen Tagen. Und selbst im Winter ist es angenehm mild – nicht umsonst waren Monaco, Nizza und Cannes früher reine Winterkurorte. Im Frühjahr explodiert an der Küste die Natur. Flammend gelbe Mimosen, weiß-rosa Mandelblüten und andere Pflanzen verwandeln die Region in ein Meer voller betörender Farben und Düfte.

Die Berge im Hinterland halten Regen und Wind von den Badeorten fern. Nur wenn der berüchtigte Mistral durchs Rhônetal bis an die Küste rast, ist alles anders. Dann gibt es nur noch eins: »Mensch ärgere dich nicht«, Puzzle oder Museumsbesuch. Wenn man Pech hat, strapaziert der Mistral die Nerven bis zu zwölf Tage lang. Danach folgen allerdings immer strahlend klare und windstille Tage – als ob sich der Wind entschuldigen wollte. Manchmal schickt übrigens auch Nordafrika einen windigen Gruß – dann bringt der Schirokko heiße und trockene Luft aus der Sahara an die Küste Südfrankreichs.

SPANNENDES HINTERLAND

Die meisten Urlauber wählen also die sonnenverwöhnte Küste. Doch wer einmal zu einem Ausflug ins Hinterland aufbricht, wird feststellen, dass gerade hier viel zu entdecken ist. Schließlich ist die Provence eine der interessantesten Kulturregionen des Kontinents. Alle hinterließen hier ihre Spuren: die Griechen brachten Weinreben und Olivenbäume, die Römer bauten Thermen und Theater für die Ewigkeit, und die Päpste schenkten der Provence den schönsten Palast des Mittelalters. Dazu gesellen sich Burgen, Schlösser, pompöse Villen, Hotelpaläste und Prachtpromenaden. Aber nicht nur Herrscher und Kirchenfürsten

Museen im Paket billiger

Tipp für Kunstfreunde: Der Museumspass bietet freien Zugang zu 62 Museen, Bauwerken und Gärten der Region. Es gibt Tickets für drei aufeinander folgende Tage (FF 80/ Pers.) oder für eine Woche (FF 150/Pers., Kinder bis 7 J. frei). Den Pass bekommt man in den teilnehmenden Museen oder den Touristenbüros von Nizza, Èze-Village, Cagnes-sur-Mer, Grasse, Vallauris und Vence, in FNAC-Läden sowie bei Thomas Cook in Nizza und Cannes. Carte Musées Côte d'Azur, Le Consul, Bvd Dubouchage 37/41, 06000 Nice, Tel. 04 93 17 51.

Gans heiß auf Eis

Drei Heilige und ein Drachen

Es war einmal ... im Jahr 45 n. Chr. Da gingen in der Camargue nach langer Irrfahrt drei Marien samt ihrer schwarzen Dienerin Sara an Land. Man hatte sie im heiligen Land in einem Boot ausgesetzt. Der Ort, den die Frauen nach abenteuerlicher Fahrt erreichten, wurde nach ihnen benannt: Saintes-Maries-de-la-Mer. Die Damen zauderten nicht lange und bekehrten flugs die ganze Provence zum Christentum. Dabei hatten sie so manche Hürde zu nehmen. Als es Maria Martha, eine der drei Heiligen, einmal nach Tarascon verschlug, traf sie dort auf den Drachen Tarasque, ein Furcht erregendes Ungeheuer, das in der Rhône lebte und ganze Landstriche in Angst und Schrecken versetzte. Es fauchte, spuckte Feuer und schnitt ganz grauenvolle Grimassen. Und noch schlimmer: Das Biest fraß am liebsten Kinder.

Nun, Martha nahm all ihren Mut zusammen, holte ihr Kruzifix aus der Tasche, streckte es dem Monster mit ruhiger Kraft entgegen, gab noch etwas Weihwasser hinzu - und siehe, es zog (wie Dracula in einer ähnlichen Szene) den Kürzeren. Martha nahm das Untier an die Leine - und Tarascon atmete auf. Endlich konnten die Kinder wieder ohne Gefahr auf den Wiesen und Feldern der Umgebung spielen.

Wie immer bei solchen Geschichten, steckt auch hinter dieser sicher ein tieferer Sinn. Was hat der Kampf von Martha und dem bösen Monster Tarasque wohl zu bedeuten? Vielleicht symbolisiert er ja den Kampf des Christentums gegen das Heidentum der Provence? Wie auch immer: König René, der gemeinsam mit Künstlern und Gelehrten im Märchenschloss von Tarascon lebte, war verzückt von dieser Geschichte. Ja, der beliebte Landesherr war dermaßen begeistert, dass er zur Erinnerung an die spannende Begegnung ein rauschendes Volksfest ins Leben rief: die Fête de la Tarasque, sicher eines der schönsten Feste in der ganzen Provence, bei dem die Kinder im Mittelpunkt stehen! Seit 1447 wird das laute und farbenfrohe Spektakel in der Stadt Tarascon (die das Monster übrigens im Wappen führt) jedes Jahr im Juni gefeiert. Klar, dass sich bei der Fete alles um das Rhône-Ungeheuer dreht, das dann wie anno dazumal durch die Straßen flitzt - nur nicht ganz so gefährlich.

Im schönen Tarascon erinnert heute noch sehr viel an den Drachen Tarasque. So erfährt man in der Maison de Tartarin de Tarascon alles über das Ungeheuer - und einen gewissen »Tartarin«. Diesen Tollpatsch aus den Geschichten des Dichters Alphonse Daudet (1840-1897) kennt jedes französische Kind. Und nach dem Museumsbesuch sind auch bis dato unkundige Touristen eingeweiht, denn die Räume sind nach Szenen der berühmten Erzählung eingerichtet (Mo-Sa 10-12 u. 14-19 Uhr, Eintritt: Erw. FF 10, Kinder FF 5).

Auch das im Jahr 1400 errichtete Schloss von König René steht noch in Tarascon. Es ist eines der schönsten in ganz Frankreich. Eine lange Wendeltreppe führt hinauf aufs zinnenbewehrte Dach - von hier aus hat man eine tolle Aussicht über Stadt und Land. Unbedingt besichtigen! (Tel. 04 90 91 01 93. Tägl. 9-19 Uhr, Eintritt: Erw. FF 10, Kinder FF 5).

Seltener Anblick: leere Liegestühle am Strand vom Cannes

schauten vorbei – Künstler wie van Gogh, Cézanne, Matisse und Picasso, allesamt gebannt von Licht und Landschaft des Südens, machten die Provence in der ganzen Welt berühmt.
Fixpunkte des kulturellen Lebens sind die Städte. Hier befinden sich einige der interessantesten und meistbesuchten Museen Frankreichs. Dass diese auch für Kinder spannend sind, zeigt sich nicht nur im Ozeanografischen Museum in Monaco (siehe Seite 120). Städtetrips nach Aix, Avignon, Arles, Cannes oder Nizza sind »Pflicht«. Ein Picknick im Park, ein Eis oder eine Fahrt mit der bunten Touristenbahn sorgen dafür, dass auch kleine Stadtdetektive bei Laune gehalten werden und Spaß am Citybummel haben.

WIE IST »DER« PROVENZALE?

Wer nicht an Schulferien gebunden ist, sollte unbedingt in der Nebensaison in die Provence reisen, denn so kann man viel Geld sparen, außerdem sind die Leute vor Ort dann entspannter. Aber wer sind die Leute vor Ort? Die Provenzalen sind immer wieder mit fiesen Vorurteilen bedacht worden. Das begann bereits mit dem Schriftsteller Alphonse Daudet (1840-1897), der sie als nett, aber nicht besonders intelligent bezeichnete. Später wurden sie in der Literatur als schrullige Zeitgenossen beschrieben, die nichts Besseres zu tun haben, als von morgens bis abends Pastis zu trinken und Boule zu spielen. Die Leute sind hier wirklich lockerer als in nördlichen Breitengraden, aber die Bevölkerung besteht natürlich keineswegs nur aus einfältigen Lavendelbäuerchen, Netze flickenden Fischern und sonnengegerbten Camargue-Hirten, die auf weißen Pferden in die untergehende Sonne reiten.

WIRTSCHAFT

Wer die großen Städte besucht, wird bald merken, dass Tourismus zwar ein bedeutender Wirtschaftsfaktor ist – mehr aber auch nicht. 75 Prozent der Provenzalen sind im Dienstleistungssektor tätig. Und damit ist nicht nur das Reise-Business gemeint. Allein der Blick nach Sophia Antipolis bei Nizza (das wegen seiner vielen High-Tech-Firmen als Silicon Valley Europas gilt) zeigt, dass der Süden Frankreichs auch eine boomende Wirtschaftsregion ist. Selbstbewusst bezeichnet sich die Provence gern als »Kalifornien Europas«. Und da ist sehr

Hoch oben auf einem Felsplateau thront das Château le Barben

viel Wahres dran. Wer hätte nicht gerne einen (Zweit-)Wohnsitz in Frankreichs Süden. Auch wenn sich die Zeiten geändert haben - die Bevölkerung (vor allem im Hinterland) hat ihre Identität bewahrt. Sie manifestiert sich zum Beispiel in der wiederbelebten provenzalischen Sprache, dem Zusammenhalt der Dorfgemeinschaften und farbenfrohen Volksfesten, die rund ums Jahr gefeiert werden (siehe Seite 141).

Die Provence in Zahlen

Die Region Provence-Alpes-Côte d'Azur ist 31.000 Quadratkilometer groß. In diesem Gebiet leben ca. 4,3 Millionen Einwohner. Der Großteil der Provenzalen (90 Prozent) wohnt in den Städten. Ballungszentrum und regionaler Verwaltungssitz ist Marseille - mit rund 800.000 Einwohnern die größte Stadt des Südens. Drei Viertel der Provenzalen verdienen im Dienstleistungsbereich ihr Geld, nur ein Prozent ist in der Landwirtschaft tätig.

IDEAL FÜR FAMILIEN

Familien können in der Provence so richtig durchatmen und Kraft für den Alltag zu Hause sammeln. Jung und Alt werden schnell in den Bann gezogen vom entspannenden Rhythmus der Region. Kein Stress, keine Hektik - dazu blauer Himmel, goldene Strände, Wälder und Berge und ein wunderbar mildes Klima. Die Schätze der Provence werden allerdings nicht auf dem Tablett serviert. Man muss sie auf eigene Faust vor Ort entdecken. Aber genau das macht den Reiz eines Provence-Urlaubes aus: Man verbringt die Urlaubstage nicht abgeschlossen in einem anonymen Hotelklotz, sondern ist mit der ganzen Familie immer mittendrin im provenzalischen Leben. Und gerade die gemeinsamen Entdeckungstouren machen einen Provence-Urlaub zu einem echten Familien-Trip. Ob ein Ausflug ins Hinterland oder der Bummel durch eine Stadt - Kinder sind immer dabei und kommen unterwegs stets auf ihre Kosten.

Was Eltern wissen sollten

Petri Heil!

In den Touri-Läden der Badeorte stapeln sich alle erdenklichen Strandspielzeuge für Kinder. Das Angebot reicht von kleinen Plastikschaufeln über grüne Gummikrokodile bis zum riesigen Schlauchboot. Eines der schönsten Spielzeuge ist aber ein einfacher Kescher. Überall an der Küste gehen Kinder damit auf Beutezug. Die Chancen, dabei einen Seeigel, einen Tintenfisch und ein paar neue Freunde zu finden, stehen nicht schlecht – Petri Heil!

Das Mittelmeer ist nicht die Karibik. Meldungen über Verunreinigungen im Meer gehen immer wieder durch die Presse. Auch Südfrankreich blieb davon nicht verschont. »Algenpest an der Côte d'Azur« und ähnlich lauten die Schlagzeilen dann. Und wirklich – manchmal sind die Strände geradezu mit Algen übersät. An schlechten Tagen kommt man selbst an großen Stränden kaum ins Wasser. Meist ist der Spuk aber schnell vorbei. Insgesamt ist die Wasserqualität gut. Es hat sich ja auch viel getan. Selbst in Marseille kann man heute (nach dem Bau entsprechender Kläranlagen) bedenkenlos ins Wasser springen. Außerdem wird das Meerwasser regelmäßig bakteriologisch kontrolliert. An den meisten Stränden weht die Europafahne – und die bürgt für einwandfreie Wasserqualität. Das Wasser ist übrigens recht warm. Im Sommer erreicht es bis zu 25 Grad (im Winter ca. 14 Grad). Der Tidenhub ist gering. Und nur selten ist das Meer richtig aufgewühlt.

VORSICHT, SONNE!

Kinder spielen am liebsten am Strand und am Swimmingpool. Aber genau hier lauert die (Sonnenbrand-)Gefahr – vor allem für hellhäutige Kinder. Gerade in den ersten Tagen der Ferien sollten Sie Ihre Schützlinge nur kurz der Sonne aussetzen – auch wenn es den Kleinen noch so schwer fällt, sich in den Schatten oder

Kleiner Sprachführer für Eltern

Apotheke – pharmacie
Arzt – médecin
Baby – bébé
Babytragetasche – couffin
Ball – ballon
(Strand-)Eimer – seau
Fieber – fièvre
Kind – enfant
Kinderarzt – pédiatre
Kinderwagen – landau
Krankenhaus – hopîtal
Lätzchen – bavette
Luftmatratze – matelas pneumatique
Mikrowelle – micro-onde
Milch – lait
Pflaster – pansement
Puppe – poupée
Sandale – sandale
Schaufel – pelle
Schlauchboot – canot
Schmerzen – douleurs
Schnuller – tétine
Schwimmbad – piscine
Schwimmflosse – palme
Schwimmflügel – flotteur
Spielplatz – terrain de jeux
Spielzeug – jouet
Taucherbrille – lunettes de plongée
Windel – couche
Zahnarzt – dentiste

An den Strand immer nur mit Käppi und Sonnenschutz

ins kühle Appartement zurückzuziehen. Am besten, man kauft sich einen Sonnenschirm für den Strand. Alternative: Strandgut sammeln und Schilfrohr (dessen verdorrte Stängel an vielen Stränden herumliegen), T-Shirts oder Handtücher drauf – und fertig ist die eigene kleine Strandhütte. Beim Schnorcheln und bei Bootsfahrten am besten ein T-Shirt anziehen, denn auf dem Wasser brennt die Sonne bekanntlich am stärksten. Sonnenmilch mit hohem Lichtschutzfaktor versteht sich von selbst. Wenn man den Kids jetzt noch ein cooles Käppi und eine noch coolere Sonnenbrille aufsetzt, kann eigentlich nichts mehr schiefgehen.

Plage an der Plage

An südfranzösischen Stränden lauern auch Gefahren. So ist es schon sehr unangenehm, dass sich einige Hundehalter offenbar fest vorgenommen haben, die Strände in eine »Kot d'Azur« zu verwandeln. Auch im Wasser sollte man die Augen offen halten. Wenn der Wind ungünstig steht, werden mancherorts (z.B. bei St-Tropez) Feuerquallen angetrieben – die Berührung ist ungeheuer schmerzhaft und kann zu schweren Verbrennungen führen.

ÖFFENTLICH ODER PRIVAT?

Neben den öffentlichen Stränden gibt es an der Côte d'Azur eine Vielzahl privater Plages. Nachteil: Hier wird man eine Menge Geld los, allein für ein Liegekissen müssen pro Person umgerechnet locker 30 Mark pro Tag gezahlt werden. Vorteil: Für sein Geld erhält man zumeist einen ordentlichen Gegenwert. Die privaten Strände sind top-gepflegt, der Service ist liebenswert und das Essen der angeschlossenen Beachrestaurants kommt in bester Qualität auf den Tisch. Und: Nirgends sind die Kinder behüteter als in den Strandklubs. Und auch vom Restaurant aus hat man Sie immer im Blick.

MEDIZINISCHE VERSORGUNG

Südfrankreich verfügt über eines der besten Gesundheitssysteme der Welt. Das Netz der Kliniken und Arztpraxen ist flächendeckend. Im Notfall kommt der Kinderarzt auch schon mal mit dem Helikopter in entlegene Gebiete. Fast jedes Krankenhaus hat eine Kinderstation. Impfungen sind nicht nötig. Deutsche sind aufgrund entsprechender Abkommen automatisch in Frankreich krankenversichert. Den Auslandskrankenschein (Vordruck E 111) kann man vor Reiseantritt bei seiner Krankenkasse bestellen. Der Schein wird dann bei der Behandlung vorgelegt. Trotzdem muss beim Arzt und in der Apotheke erst mal bar bezahlt werden. Und da meistens nicht alles von der deutschen Krankenkasse erstattet wird, ist es ratsam, eine zusätzliche Reise-Krankenversicherung abzuschließen.

DIE EIGENE REISEAPOTHEKE

Für den Fall der Fälle sollte man auch eine Reiseapotheke dabeihaben. Wie in den Autoverbandskasten gehören auch in eine Reiseapotheke verschiedene Pflaster, sterile Kompressen, Verbandpäckchen und elastische Mullbinden. Eine Pinzette kann bei Splittern oder Stacheln sehr hilfreich sein. Auch ein Fieberthermometer ist wichtig. Gegen lästige Mücken hilft ein Mückenschutzmittel. Und da Husten, Schnupfen und Heiserkeit immer noch zu den häufigsten Beschwerden auf Reisen gehören, empfiehlt es sich, Nasentropfen, gegebenenfalls auch Hustenmittel sowie Tabletten gegen Schmerzen und Fieber einzupacken. Wer nicht riskieren möchte, dass er kostbare Urlaubstage durch Durchfall verliert, sollte auf jeden Fall an die entsprechenden Mittel denken. Aber auch Hausmittelchen leisten gute Dienste: Salzstangen, Cola und viel Flüssigkeit. Medikamente bzw. Salben gegen Krämpfe, Insektenstiche und Muskelverletzungen sowie Beruhigungs- und Desinfektionsmittel gehören ebenfalls in die Reiseapotheke.

WASCHMASCHINE & CO

Wer seinen Urlaub in einer Ferienwohnung bucht, sollte sich vor Vertragsabschluss erkundigen, ob das jeweilige Objekt kindgerecht ausgestattet ist. Meist befinden sich einige Kindermöbel vor Ort. Falls nicht, kann man sie in der Regel gegen eine Gebühr dazubuchen. Fragen Sie auch, ob eine Waschmaschine vorhanden ist, denn mit Kindern hat man auch im Urlaub große Wäsche. In vielen Hotels (und auf einigen Campingplätzen) sind Kinderbettchen in der Regel vorhanden oder lassen sich dazubuchen. Die gut gefüllten Regale der riesigen Supermärkte bieten alles Nötige, um Babys und Kleinkinder im Urlaub über die Runden zu bringen: Babynahrung in Gläschen und als Pulver, Windeln, Babyfon, Bekleidung etc. Jede größere Leihwagenfirma vermietet zu den Autos passende Kindersitze. Wer den Pkw in Deutschland bestellt, sollte entsprechende Wünsche bei der Buchung äußern.

KINDER, KINDER ...

Südfranzosen lieben Kinder. Im Umgang sind französische Eltern allerdings beherzter als bei uns: Wenn das eigene Kind nicht so will, wie es soll, wird nicht lange gefackelt – dann gibt es links und rechts heiße Ohren und die Sache ist gegessen. Fünf Minuten später sind alle wieder gut gelaunt vereint. Auch im Restaurant gehören Kinder dazu. Gerne trifft man sich abends zum gemeinsamen Essen mit Freunden und Familienangehörigen – und es versteht sich von selbst, dass eine ganze Kinderbande dabei um den Tisch tanzt. Die meisten Restaurants und Hotels sowie alle Autobahnraststätten verfügen über Hochstühle für Kinder. Fast überall wird ein »Menu enfant«, ein spezielles Kindermenü angeboten. In gehobenen Restaurants werden Familien mit Kindern dagegen leider schon mal schief angeguckt – man verzichte dankend und suche sich ein anderes Lokal ...

Auch die jüngsten Gäste sind in Restaurants herzlich willkommen

Essen & Trinken

Für jeden Geschmack und jeden Geldbeutel gibt es in der Provence das passende Restaurant. Sterneküche in Gourmet-Tempeln, authentische Regionalküche in den Landgasthäusern des Hinterlandes, unkomplizierte Gerichte in Rôtisserien (Grillrestaurants) und Brasserien (Kneipenrestaurants), schnelle Snacks in Bistros, Bars und Salons de thé (Konditoreien mit Café). Exotische Genüsse locken in die Restaurants der nordafrikanischen Einwanderer. Vor allem an der Küste kann man in tunesischen, marokkanischen und algerischen Lokalen lecker und äußerst preiswert speisen. Gerichte wie Couscous und Tabbouleh haben sich längst einen Stammplatz auf südfranzösischen Speisezetteln erobert. Ebenso wie Burger. Jede große Stadt hat ihre Fastfood-Lokale. Aber wer isst schon Hamburger, wo es doch Pan bagnat (siehe Kasten Seite 18) gibt?

Markttag: ein Fest für die Sinne

MENÜS – DIE KLUGE WAHL

Fast jedes Restaurant bietet neben günstigen Tagesgerichten (Plat du jour) ein (mindestens dreigängiges) Menü an. Damit liegt man immer richtig, denn oft ist die gleiche Speisenfolge à la carte bestellt fast doppelt so teuer. Mittags sind die Menüs (ab FF 100) besonders preisgünstig - selbst Sternelokale werden damit halbwegs erschwinglich. Brot und Wasser gehören in der Regel zu jedem Gedeck. Nach dem Essen bestellt man sich einen kleinen, schwarzen Café, dann wird gemeinsame Kasse gemacht - getrennte Rechnungen sind in der Provence verpönt. Die Preise sind vergleichsweise hoch, dafür bekommt man üppige Portionen und gute Qualität. Fürs Trinkgeld sollte man 5 bis 10 Prozent einkalkulieren.

ZEIT FÜRS SCHLEMMEN

Wie in ganz Frankreich, so wird auch in der Provence größter Wert auf die Esskultur gelegt. Man nimmt sich Zeit fürs Schlemmen, schließlich geht es nicht um schnöde Nahrungsaufnahme, sondern um ein Stück Lebensqualität.
Wie in allen südlichen Ländern ist das Frühstück (Petit déjeuner) eher bescheiden: Mehr als Milchkaffee, Croissant, Baguette, Butter und Marmelade kommt nicht auf den Tisch. Das Mittagessen (Déjeuner), das von 12 Uhr bis etwa 14.30 Uhr serviert wird, fällt dafür umso üppiger aus. Richtig gemütlich wird es dann ab 19 Uhr beim Abendessen (Dîner), das sich lange hinziehen kann.

GRUNDLAGEN

Die Küche der Provence ist einfach und bodenständig. Wie jede Regionalküche kommt sie mit wenigen Grundstoffen aus. Diese werden allerdings äußerst fantasievoll kombiniert - und das macht die Cuisine provençale zu einer der leckersten und pfiffigsten Regionalküchen Frankreichs. Fischliebhaber kommen an der ganzen Küste auf ihre Kosten. Die Bouillabaisse (siehe Kasten Seite 19), einst Resteessen der Fischer, ist heute eine teure Delikatesse. Im Osten der Côte d'Azur, vor allem in Nizza, macht sich der Einfluss von bella Italia in den Kochtöpfen bemerkbar. Und aus dem Hinterland stammen köstliche Lammgerichte und unwiderstehliche Nachspeisen.
Knoblauch, Olivenöl, mediterrane Kräuter und frisches Gemüse sind die Säulen der provenzalischen Küche. Oliven besitzen Kultstatus. Auf jedem Markt reihen sich Bottiche mit unterschiedlich eingelegten Sorten aneinander. Oliven peppen Salate auf, bilden die Basis der Tapénade (siehe Kasten Seite 18) und sind auch solo ein Genuss. Die besten Öle kommen aus Nyons, Mausanne und Nizza.

HERBES DE PROVENCE

Provenzalisch werden die Gerichte erst durch die virtuosen Kräuterkompositionen. Klassische Herbes de Provence sind Rosmarin, Thymian, Majoran und Basilikum, aus denen in Kombination mit Knoblauch und Olivenöl Pistou wird, die französische Variante des italienischen Pesto. Pistou gibt auch der Soupe au Pistou, der Nizzaer Interpretation der Minestrone, den letzten Pfiff.
Tomaten, Zucchini, Auberginen, Zwiebeln ... die Provence ist Frankreichs Obst- und Gemüsegarten. Entsprechend frisch und vielfältig ist das Angebot, das man auf den Märkten bewundern kann. Die unter südlicher Sonne gereiften Gemüse sehen nicht nur gut aus, sie schmecken auch ganz anders. Überzeugen Sie sich selbst: Eine aromatische Cavaillon-Melone oder ein gut zubereitetes Ratatouille eröffnen ganz neue Geschmacksdimensionen. Gemüse kommen überall zum Einsatz. Am liebsten werden sie à la provençale zubereitet, also mit Olivenöl und Knoblauch. Sogar in Kuchen spielt Gemüse eine Rolle - wie z.B. (nebst Äpfeln, Mandeln und Pinienkernen) in der Tourte de Bléa. Gern

Zehn kulinarische Spezialitäten aus der Provence

Aioli: Berühmt-berüchtigte Mayonnaise aus Knoblauch, Olivenöl, Eigelb, Salz, Pfeffer. Aioli wird klassischerweise zu einer Gemüse-Fischplatte gereicht – das traditionelle Karfreitagsgericht der Provence. Dazu passt ein trockener Weißwein, z.B. ein Côtes du Provence blanc.

Bourride: Die unbekanntere Schwester der Bouillabaisse basiert auf Fischen wie Merlan, Baudroie und Loup. Im Gegensatz zur Bouillabaisse wird die Bourride mit Aioli gebunden. Die übrigen Gewürze sind aber die Gleichen. Dafür kommen neben den Fischen auch Bohnen, Möhren und Kartoffeln in den Topf.

Loup & Co: Köstlich und leicht sind die gegrillten Fische, die in den Strandrestaurants in bester Qualität zubereitet werden. Besonders geschmackvoll ist Loup de Mer (dt. Wolfsbarsch). Aber auch Sardinen, Doraden, Seezungen und Rougets sollte man unbedingt kosten. Fischgerichte ruhig auch mal in der Appartementküche ausprobieren!

Mesclun: Herrliche Mischung frischer Salate. Bestandteile sind unter anderem Löwenzahn, Endiviensalat, Portulak (kleiner, bitterer Kopfsalat) und Kerbel.

Pan bagnat: Das runde, in Olivenöl gebackene (bzw. »gebadete«) Weißbrot, besteht wie ein Hamburger aus zwei Hälften. Jede Seite wird innen mit Knoblauchzehen eingerieben. Garniert wird das Ganze mit Salatblättern, Zwiebeln, Tomaten, gekochten Eiern, Sellerie, Artischockenherzen und Thunfisch in Öl. Und fertig ist der Nizza-Burger!

Ratatouille: Diesen Gemüseeintopf genießt man heiß oder kalt. Zutaten sind Auberginen, Zucchini, Paprika, Tomaten, Zwiebeln, Knoblauch, Olivenöl und Kräuter. Tipp: Dazu schmeckt Couscous unglaublich gut.

Socca: Bei dieser Nizzaer Spezialität handelt es sich um einen dünnen Pfannkuchen aus Kichererbsenteig und Olivenöl. Der Fladen wird in einer riesigen Eisenpfanne über dem Holzfeuer gebacken.

Soupe au Pistou: Gemüsesuppe, angereichert mit grünen Bohnen, weißen oder roten Bohnen, Lauch, Tomaten, Zucchini, Karotten und Kartoffelwürfeln. Durch Pistou – also klassische Kräuter der Provence mit Knoblauch und Olivenöl –, das im letzten Moment hinzugefügt wird, erhält die Suppe ihren einzigartigen Geschmack. Dazu passt ein trockener Rosé, zum Beispiel ein Bandol.

Stocaficada und Brandade de morue: Ein Ragout, bei dem Stockfisch zuerst einen Tag in Wasser eingelegt wird und dann zusammen mit Nizza-Oliven, Tomaten, Zwiebeln und Knoblauch etwa zwei Stunden gedünstet wird. Brandade de morue ist ein Gericht aus (zerstoßenem) Stockfisch. Weitere Zutaten sind Olivenöl, Knoblauch – und Sahne.

Tapénade: Tapénade auf Weißbrot, dazu ein Glas Wein – für viele ist dies die Lieblingsvorspeise aus der Provence. Die leckere Paste besteht aus kleingehackten schwarzen Oliven, die mit Knoblauch, Zitronensaft, Anchovis, Kapern und Thunfisch zu einem köstlichen schwarzen Brei vermengt werden.

wird Gemüse auch zu Pasten verarbeitet, ein Beispiel ist der unwiderstehliche Caviar d'aubergines, Auberginencreme. Eine exklusive Spezialität sind Trüffel aus dem Tricastin. Die Köche der Gourmet-Restaurants zahlen vierstellige Summe für ein Kilo der schwarzen Diamanten.

SALATE UND PASTA

Berühmtester Salat der Region ist der Salade Niçoise mit Thunfisch, Ei und Oliven. Obwohl er nicht unbedingt der provenzalischen Küche zuzuordnen ist, hat er wie kein anderes Gericht die internationalen Speisezettel erobert. Köstlich ist auch der Mesclun, eine Mischung grüner Salate. Den besten gibt es in Nizza - die Zutaten stammen von den umliegenden Hügeln.
Tortellini, Cannelloni, Lasagne, Gnocchi - nirgends schmeckt die Pasta besser als in Nizza. Eine Spezialität sind die dünnen Ravioli, die mit Mangold und Rindfleisch gefüllt werden. Eine wunderbare Pizza-Variante ist die Pissaladière mit Sardellen, Zwiebeln und schwarzen Oliven.

FISCH UND FLEISCH

Die köstlichsten Fischspezialitäten gibt es an der Küste. Zwar stammen die wenigsten Flossentiere tatsächlich von der französischen Mittelmeerküste (die meisten gehen im Atlantik ins Netz), aber wer merkt den Unterschied schon? Star unter den Fischgerichten ist die weltberühmte Bouillabaisse. Fast noch beliebter ist ihre kleine Schwester, die Bourride. Nicht jedermanns Sache ist der kräftige Stockfisch, bei dem es sich in der Regel um Kabeljau aus dem Atlantik handelt. Nahe der italienischen Grenze kommt er als Stocaficada auf den Tisch. Selbstverständlich gibt es auch Süßwasserfische. Schmackhaft sind Forellen, die im Hinterland vom Bach direkt auf den Teller springen.
Unter den Fleischsorten spielt Lamm die größte Rolle. Das beste liefert die Haute Provence. Dort wachsen die »Moutons« auf kräuterreichen Weiden auf, entsprechend aromatisch ist ihr Fleisch. Ein Klassiker ist Agneau de Sisteron, das mit Knoblauch gegart wird. Nizza steuert Porquetta (gefülltes Spanferkel) bei. Typisch provenzalisch, aber gewöhnungsbedürftig sind gekochte Schweine- oder Lammfüße mit Kuttel-Päckchen (Pieds et paquets).

UND ZU GUTER LETZT ...

Nach dem Hauptgang kommt in der Provence Käse auf den Tisch. Und der stammt in der Regel von Schaf (Brebis) und von der Ziege (Chèvre). Sie haben die Wahl: Cremig, frisch, mild, trocken, scharf - oder darf es ein kleines Käsemedaillon sein, das mit Lorbeer oder Thymian gewürzt ist? Oder doch ein in Kastanienblätter eingewickelter Banon-Ziegenkäse aus der Haute Provence?

Bouillabaisse – berühmte Fischsuppe

Keine andere Speise schmeckt so sehr nach Mittelmeer wie die Bouillabaisse, das berühmteste Gericht der provenzalischen Küche. Einst ein Resteessen der Fischer, ist der Fischeintopf heute eine Delikatesse, für die man schon mal FF 300 auf den Tisch legen muss. Alternative: selber machen.
Um das einzig wahre Bouillabaisse-Rezept wird heftig gestritten. Drachenkopf, Knurrhahn und Meeraal sind meist dabei. Je nach Lust und Laune kommen noch Seewolf, Seebarbe, Wittling und Muscheln in den Kessel. Die Zubereitung ist nicht einfach. Besonders kniffelig ist es, weiche und feste Fische gemeinsam auf den Punkt zu garen. Klar, dass die Bouillabaisse mit der Güte und Frische aller Zutaten steht und fällt.

Zeit für einen Plausch und einen guten Café hat man hier immer

Den Abschluss eines typischen provenzalischen Mahls bilden (natürlich nach dem Käse) Obst oder ein Dessert wie zum Beispiel Tarte au citron, Zitronenkuchen, eine Spezialität der Küste. Und danach gönnt man sich einen Café. Vielleicht gesellt sich ein Marc de Provence hinzu – der Tresterschnaps hat schon so manch müden Schlemmer nach einem opulenten provenzalischen Mahl wieder auf die Beine gebracht.

Rosé von der Insel

Die Provence ist für ihre Roséweine berühmt. Der beste stammt von der »Domaine de l'Ile« auf der Ile du Porquerolles. Hier werden die Weinreben behutsam und ökologisch behandelt. Und der Boden gibt dem Wein seinen ganz speziellen, vollen Geschmack. Am besten überzeugen Sie sich selbst bei einer Dégustation. Domaine de l'Ile, A.O.C. Côte de Provence, Sébastien Le Ber, Propriétaire – Récoltant, 83400 Ile de Porquerolles, Tel. 04 94 58 31 60, Fax 04 94 58 31 03.

WEIN

Zu einem guten Essen gehört natürlich ein guter Wein. Die Provence ist die Wiege des französischen Weinbaus. Die Griechen waren es, die 600 v. Chr. die ersten Rebstöcke pflanzten. Die Römer setzten diese Tradition fort, und auch die Päpste von Avignon versüßten sich das Exil mit Rebsaft aus der Provence. An die lebensfrohen Kirchenfürsten erinnert der Name des berühmtesten Anbaugebietes der Region: Châteauneuf-du-Pape. Über Jahre wurden in der Provence, einer der größten Weinlandschaften Frankreichs, allerdings nur langweilige Massenweine produziert. Heute setzen viele Winzer auf Qualität. Das staatliche Gütesiegel Appellation d'Origine Contrôlée bürgt für die Herkunft. Auch die einfachen und preisgünstigen Landweine (Vin de Pays) sind köstlich. Man sollte unbedingt die regionalen Tropfen probieren und einmal bei einer Winzergenossenschaft vorbeischauen (Hinweisschilder »Dégustation«).

Rezepte zum Nachkochen

Alle Rezepte sind für vier Personen berechnet.

Bouillabaisse
2,5 Kilo ausgenommene Mittelmeerfische, 3 Zwiebeln, 1 Stange Lauch, 5 Tomaten, 5 Knoblauchzehen, 1 Fenchelknolle, Olivenöl, getrocknete Orangenschalen, Lorbeerblätter, Thymian, Safran, Petersilie, Salz, Pfeffer, 1 Baguettebrot, Parmesan

Gemüse waschen und in Stücke schneiden. Fische waschen und die festen von den weichen Fischsorten trennen. Zwiebeln, Lauch, Fenchel, Tomaten und Knoblauch in einer Kasserolle anbraten. Danach die festen Fische dazugeben, in Öl anbraten und alles mit 3 Liter kochendem Wasser auffüllen. Gewürze hinzufügen und das Ganze 5 Minuten kochen lassen, dann die weichen Fische dazugeben und weitere 5 Minuten auf starker Flamme kochen lassen. Die Suppe kommt in einer großen Schüssel auf den Tisch, der Fisch wird separat auf einer Platte serviert. Zur Suppe isst man geröstete Baguettescheiben, die man - bestrichen mit Rouille (siehe rechts) - in die Brühe tunkt und mit Parmesan bestreut.

Salade Niçoise
4 Eier, 5 Tomaten, 1 Gurke, 3 lila Artischocken, 3 Frühlingszwiebeln, 2 grüne Paprikaschoten, 1 Dose Thunfisch, 10 Sardellenfilets, 150 g schwarze Oliven
Für die Marinade:
1 Bund Basilikum, Kräuter der Provence, 5 EL Olivenöl, Salz, Pfeffer

Eier hart kochen, halbieren und abkühlen lassen. Tomaten, Artischocken, Gurke, Paprikas waschen, abtrocknen und in Stücke schneiden. Zwiebeln in dünne Ringe schneiden. Salatzutaten in eine große Schüssel geben und dekorativ mit Eihälften, Thunfisch, Sardellen und Oliven anrichten. Basilikum klein hacken. Olivenöl mit Salz und Pfeffer verrühren. Basilikum einrühren und die Marinade über den Salat geben.

Rouille
1 rote Pfefferschote, 3 Knoblauchzehen, 1 Messerspitze Safran, 1 Kartoffel, 200 ml Olivenöl, Salz

Pfefferschote halbieren, gemeinsam mit gewürfelter Kartoffel, Knoblauch und Safran in einem Mörser zerstoßen. Ein paar Tropfen Olivenöl dazugeben und mit dem Schneebesen verrühren. Noch mal Olivenöl dazu, noch mal rühren. Rouille mit Salz abschmecken und kalt stellen.

Ratatouille
2 Gemüsezwiebeln, 3 geschälte Knoblauchzehen, Salz, 1/2 rote Pfefferschote, 2 Zucchini, 1 Aubergine, 2 rote Paprikaschoten, 3 Fleischtomaten, 4 EL Öl, Salz, Pfeffer, Paprikapulver, 3 EL gehackte Petersilie, 1 EL gehacktes Basilikum, 1 TL gehackter Majoran

Das Gemüse putzen und in Würfel schneiden. Die Knoblauchzehen zusammen mit Salz im Mörser zerreiben. Pfefferschote klein schneiden. Die Tomaten enthäuten und würfeln. In Öl Zwiebeln und Pfefferschote anschwitzen, den Knoblauch hinzufügen. Dann Zucchini, Auberginen und Paprika hinzufügen. Umrühren und andünsten. Nun die Tomatenwürfel dazugeben. Alles würzen und ca. 30 Minuten garen. Das Gemüse darf nicht zerfallen. Zum Schluss die Kräuter unterrühren.

CARLTON
INTER·CONTINENTAL

Kinderfreundliche Strände

Strände wie Sand am Meer

»Côte Beton« wird die Côte d'Azur von Zynikern in Anspielung auf die vehemente Bebauung des Küstenstrichs genannt. Stellenweise ist die Landschaft wirklich mit schicken Villen und riesigen Hotelanlagen zugepflastert, vor allem östlich von Cannes, aber dazwischen gibt es auch immer noch sehr ursprüngliche Stellen. Man muss sie nur kennen.

Die 600 Kilometer lange Küstenlinie der Region Provence/Côte d'Azur ist überwiegend felsig. Aber immerhin bringen es Kies- und Sandstrände zusammen noch auf etwa 150 Kilometer Länge. Die Plages sind in der Regel sehr gepflegt. Wer auf Nummer sicher gehen will, achtet auf die blaue Europafahne. Wo sie weht, bescheren Strand und Wasser umweltgerechte Badefreuden – regelmäßig offiziell geprüft und bescheinigt.

An den großen Touristenstränden geht es lebhaft zu. Oft liegt man dicht an dicht. Wer diese Art Strandleben nicht schätzt, findet aber auch Alternativen. Es gibt viele stille Buchten, in denen man ungestört sein Handtuch ausbreiten kann, so zum Beispiel in den versteckten Calanques der Ile de Porquerolles.

Die Strände der Camargue

Die schönsten Strände Südfrankreichs liegen in der Camargue. Angenehm: Da das Sumpfland Naturschutzgebiet ist, können die dortigen Strände nicht durch Bettenburgen verunstaltet werden. Der Umweltschutz wird in der Camargue sehr ernst genommen, und das umfasst auch Wasserqualität und Abwasserreinigung.

Die weiten Sandstrände **Plage de L'Espiguette** und **Plage des Baronnets** sind längst kein Geheimtipp mehr. Bekannt ist auch, dass die Strände, die sich um **Le Grau du Roi** und **Port Camargue,** Europas größten Jachthafen, erstrecken, wegen ihrer Kombination von Dünen-Idyll und perfekter touristischer Infrastruktur wie geschaffen sind als Standort für einen Badeurlaub mit der ganzen Familie. Snackbuden, Duschen, Umkleidekabinen – hier ist so ziemlich alles vorhanden, was einen Strandurlaub mit Kindern stressfrei und für alle Familienmitglieder erholsam macht.

Beach-Träume werden am kilometerlangen Dünenstrand von **Saintes-Maries-de-la-Mer** wahr. Er ist bis zu 200 Meter breit, fällt flach ab und ist somit bestens geeignet für Familien mit kleinen Kindern. Nirgends kann man besser planschen und Sandburgen bauen. Außerdem weht stets ein frischer Wind, sodass es nicht zu heiß wird.

Der Strand von Saintes-Maries-de-la-Mer geht über in die beschaulichen Strände **Faraman** und **Beauduc.** Östlich davon breitet sich die feinsandige **Plage de Piémanson** aus. Der trubelige Hausstrand von Arles liegt im östlichen Zipfel der Camargue südlich von Salin-de-Giraud. Der Strand ist weit, feinsandig und wird gerne von Nudisten frequentiert.

Anfahrt: Saintes-Maries-de-la-Mer und seinen kilometerlangen Sandstrand erreicht man über die D 570. Über die D 36 kommen Sie zur Plage de Piémanson. Parkplätze sind überall genügend vorhanden.

So beschützt, genießen auch die Kleinsten das Strandleben

Die Calanques

Die Küste zwischen Marseille und Toulon gibt sich bescheidener als der versnobte Osten. Landschaft und Orte sind hier (bis auf die Calanques) weit weniger spektakulär – gerade das macht diesen Küstenabschnitt so sympathisch und zieht vor allem Familien in die kleinen Badeorte.

BADEN BEI MARSEILLE

Strände in Marseille? Ja, der Moloch hat auch ein anderes Gesicht. Die künstlich aufgeschütteten und meist kostenpflichtigen Strände liegen am Ende der Corniche President John F. Kennedy. Tout Marseille trifft sich bei schönem Wetter an der trubeligen **Plage de Catalans.** Der familienfreundlichste Strand ist die **Plage du Prado** mit Liegewiesen und Spielplätzen. Übrigens: Aufgrund moderner Kläranlagen ist baden in Marseille ohne Gefahren möglich.

SÜDFRANKREICHS FJORDE

Spektakuläre Kulisse für das Bad im Meer sind die Calanques, jene Meeresarme, die die Küste zwischen Marseille und Cassis zerschneiden. Bis zu zwei Kilometer tief fressen sie sich ins Land. Stellenweise fällt der weiße Kalkfels 400 Meter steil ins blaugrüne Meer ab – nirgendwo im Land gibt es höhere Klippen. Südfrankreichs Fjorde, früher als Steinbruch genutzt, stehen seit 1975 unter striktem Naturschutz. Einige Calanques liegen noch auf Marseiller Stadtgebiet. Bevorzugtes Ausflugsziel der Städter ist die **Calanque de Sormiou.** Sie hat einen kleinen Hafen, wacklige Wochenendhäuschen (Cabanons) und einen schönen Sandstrand. Aber auch die weiter östlich liegende **Calanque Morgiou** ist sehr beliebt. Zwischen den beiden Fjorden entdeckte der Taucher Henri Cosquer 1991 eine Unterwasserhöhle mit 27.000 Jahre alten Höhlenzeichnungen. Idealer Ausgangspunkt für die Erforschung der östlichen Calanques ist Cassis. Von hier aus sind die ortsnahen Buchten bequem zu Fuß zu erreichen. Die Spazierwege beginnen westlich des schönen Hafens und sind gut ausgeschildert. Nach einer halben Stunde erreichen Sie die enge **Calanque de Port-Miou,** in der es im Sommer stets von Jachten wimmelt. Zehn Minuten weiter westlich liegt die **Calanque de Port-Pin** mit kleinem, pinienbestandenen Kieselstrand, der in der Saison allerdings ziemlich überlaufen ist. Wer noch Puste hat, geht weiter bis zur **Calanque d'En-Vau.** Der Weg lohnt sich, denn die Bucht ist eingerahmt von schroffen Felsen und mit schönem Sandstrand und glasklarem Wasser ideal für einen Strandtag mit der ganzen Familie.

Anfahrt: Vom Hafen in Cassis aus starten mehrmals täglich Ausflugsschiffe, die Sonnenanbeter in Scharen zu den Calanques befördern. Bei ruhiger See kann man auch in die Fjorde paddeln. Kanus und kleine Motorboote werden vor Ort vermietet (Infos: Office de Tourisme, Tel. 04 42 01 71 17).

Wandern in den Calanques

Die Calanques sind ein Paradies für Wanderer. Wanderwege durchziehen die bizarre Felslandschaft. Einige Pfade sind allerdings wegen Waldbrandgefahr zwischen Juli und September gesperrt. Der Hauptwanderweg ist 30 Kilometer lang und führt von Marseille bis nach Cassis quer durch das Felsenmeer. Für die Durchquerung, die für Kinder allerdings zu gefährlich ist, muss man mindestens einen Tag einrechnen.

... dann woll'n wir mal in die Wellen

Von Cassis bis Six-Fours

Erstes Beach-Highlight östlich der Calanques ist der anderthalb Kilometer lange, sanft abfallende Familienstrand von **Les Lecques,** einem Vorort von St-Cyr. Weiter östlich schließen sich die Son-

Insel-Aquarium

Auf der Ile des Embiez gibt es jede Menge Attraktionen für Kids: ein Mittelmeer-Aquarium, Badebuchten, Kiefernwälder, Radwege, Boulebahnen, Minigolfplätze, Restaurants, Souvenirläden, Petit train (Bimmelbahn) und Jachthafen. Von hier aus startet auch das »Aquascope« , ein futuristisch aussehendes Tauchboot, in dem man die Unterwasserwelt der Region durch die Glasscheibe erkunden kann (30 Min.). Vom kleinen Hafen in Le Brusc setzt eine Fähre mehrmals täglich in wenigen Minuten auf die Insel über. Mittelmeer-Aquarium, Ile des Embiez, Tel. 04 94 34 02 49, Mo-Fr 10-17.30 Uhr, Sa/So 14-17.30 Uhr, Eintritt: Erw. FF 25, Kinder (unter 14 J.) FF 12. Aquascope, Tel. 04 94 34 17 85, Kosten: Erw. FF 70, Kinder FF 45.

Pastis: berühmter Apéritif

Die Ile de Bendor und die Ile des Embiez gehören beide dem Pastis-Mogul Paul Ricard. Der Pastis – beliebtester aller Aperitifs – wurde zum Wahrzeichen der Provence und bildet den Auftakt eines guten Essens. Gießt man den gelblichen Anislikör mit Wasser auf, wird er milchig trüb. Eine Alternative ist Kir. Dabei wird Wein mit Crème de Cassis (Johannisbeerlikör) gemischt. Nimmt man Sekt statt Wein, wird daraus Kir Royal.

nenbuchten von **Bandol** und **Sanary-sur-Mer** an. Während sich Sanary eher zum Flanieren eignet, hat Bandol ein Herz für Kinder. Es gibt drei große, feinsandige Strände. Klassischer Beach-Spot ist die **Plage du Rénecros,** die wunderschön in einer idyllischen Bucht liegt. Östlich von Sanary erstreckt sich unterhalb der Uferstraße ein langer Sand- und Kieselstrand bis zum Ferienort **Six-Fours** auf der Halbinsel von Sicié. Der **Strand »Brutal«** ist ein Mekka der Windsurfer, die hier ihre Kunststücke zeigen. Ideal für einen Bade- und Picknickausflug mit der ganzen Familie sind die vorgelagerten Inseln **Ile de Bendor** und **Ile des Embiez** (siehe Kasten Seite 27). Hier gibt es weite, seichte Strände, an denen auch Kleinkinder gefahrlos planschen können.

Anfahrt: Die Strände sind über die D 559 zu erreichen. Beschilderung für den jeweiligen Strand. Zu den Inseln Fähre ab Le Brusc.
Fähre Le Brusc-Ile des Embiez: Erw. FF 35, Kinder FF 25.

Hyères und die Ile de Porquerolles

Die **Halbinsel Giens** ist durch zwei schmale Dämme mit dem Festland bei Hyères verbunden. Auf beiden Seiten dieser Nehrung breiten sich feinsandige, naturbelassene Strände aus. Sie sind ein Mekka für Wassersportler, erfüllen mit Snackbuden, Vergnügungsparks und sonstigen Freizeitmöglichkeiten aber auch die Bedürfnisse von Familien mit Kindern. Leider sind die Strände ziemlich zugebaut. Außerdem reicht die Straße bis ans Ufer. Entsprechend lärmig ist es hier. Ruhiger sind da schon die kleinen Fels- und Sandbuchten auf der eigentlichen Giens-Halbinsel.

Im Bauch der Erde

Le Pradet ist immer noch ein Geheimtipp. Außer einem spannenden Küstenwanderweg ist hier das alte Kupferbergwerk von La Garonne zu besichtigen. Die Zeche wurde über 50 Jahre lang ausgebeutet und ab 1946 für die Pilzzucht genutzt. Heute birgt sie eine der kostbarsten Mineraliensammlungen der Welt. Ein interessanter Lehrgang führt über 300 Meter durch den Bauch der Erde. Musée de la Mine du Cap Garonne, Tel. 04 94 08 32 46. Im Sommer tägl. 14-17, sonst Mi-Sa u. So 14-17 Uhr. Erw. FF 30, Kinder FF 15.

INSEL-FUN

Wer das Nonplusultra sucht, setzt mit der Fähre zu den vorgelagerten Inseln über (siehe Seite 64). Auf der Hauptinsel **Ile de Porquerolles** befinden sich einige der attraktivsten Strände Südfrankreichs. Von einzigartiger Schönheit sind zum Beispiel die **Plage de la Courtade** und die **Plage du Notre-Dame** östlich des Hafens. Der Pinienwald reicht hier bis an den goldgelben Sand. Das Meer ist vorne glasklar, dann türkis und weiter hinten tiefblau. Eltern können ihre Kinder hier nach Herzenslust planschen lassen, denn das Wasser ist super-seicht. An diesen beiden Stränden zeigt sich Südfrankreich von seiner schönsten und ursprünglichsten Seite. Allerdings gibt es vor Ort keine touristischen Einrichtungen – also unbedingt den üppig gefüllten Picknickkorb einpacken.

EMPFOHLEN VON Familie&Co Die Familienzeitschrift

Wer sich lieber bedienen lässt, steuert die **Plage d'Argent** westlich des Hafens an. Der lange Sandstrand ist wie geschaffen für Familien. Alles, was man braucht (Toiletten, Duschen, Getränke, Speisen), ist vor Ort vorhanden. Familienfreundliche Sandstrände dehnen sich auch beiderseits der **Langoustier-Halbinsel** aus. Hier finden aktive Sonnenanbeter zudem eine Vielzahl von Wassersportmöglichkeiten. Auf der Insel gibt es auch zahlreiche kleine Calanques. Wer Abgeschiedenheit inmitten einer zauberhaften Naturlandschaft sucht, wird sie hier finden. Freunde der Freikörperkultur sind auf der **Ile du Levant** bestens aufgehoben, denn hier springt man schon seit 1931 nackig ins Wasser. Die Strände sind teils sandig, teils felsig. Eine große Freizeitanlage bietet den touristischen Rundum-Service – auch Familien mit Kindern steuern die FKK-Insel wegen ihrer lockeren Atmosphäre und den guten Übernachtungsmöglichkeiten (Pensionen/Campingplätze) gerne an.

Anfahrt: siehe Kasten Seite 67.

Solche Traumstrände findet man noch auf der Ile de Porquerolles

Rund um Le Lavandou

Le Lavandou ist einer der beliebtesten Badeorte der Küste. Die touristische Zone erstreckt sich an einer weiten Bucht bis nach Pramousquier. Die **Plage de la Favière,** Hauptstrand von Le Lavandou, schmiegt sich westlich des Ortes an die Bucht und wird vom Cap Bénat geschützt. Ruhiger sind die kleinen Badebuchten zwischen dem Cap de Brègancon und dem Cap Bénat. Besonders kinderfreundlich ist der Strand von **Cabasson** – hier kann man im Pinienwald, der bis ans Meer reicht, prima Verstecken spielen (außerdem Kinderspielplatz).

WEITE SANDSTRÄNDE

Östlich von Le Lavandou liegen weite Sandstrände. Sie haben die Wahl zwischen dem 1,5 Kilometer langen, flachen Sandstrand von **Cavalière,** einem der schönsten Strände unterhalb der Corniche, und Badebuchten wie Saint-Clair, La Fossette und Aiguebelle am Cap Nègre. Voll und ganz auf Familien eingestellt ist der sympathische Badeort **Pramousquier.** Sein 400 Meter langer, feiner und flach ins Wasser abfallender Sandstrand garantiert absoluten Badespaß. Sanfte Hügel mit Kiefern, Korkeichen und Eukalyptusbäumen um die Bucht sowie Läden und Restaurants im Ort runden das Vergnügen ab.
Vor Ort steht bereit, was man für einen geruhsamen Tag am Strand so braucht. Bereits ab Ostern bieten Strandvermieter Matratzen, Sonnenschirme, Erfrischungen, Speisen und Wassersportaktivitäten an. Maximale Sicherheit ist garantiert. Bademeister des SNSM (Service National de Sauvetage en Mer), drei Notrufsäulen, ein Schnell-Rettungsboot und die Bademeister der CRS (Compagnies Républicaines de Sécurité) wachen während des Urlaubs an allen Stränden von Le Lavandou über die Gäste. Die blaue Europaflagge flattert in Le Lavandou seit mehreren Jahren – das bürgt für die gute Qualität der Badegewässer und der Umwelt. Und wie es sich für einen klassischen französischen Familienbadeort gehört, gibt es auch eine trubelige Uferpromenade mit Läden, Cafés und Restaurants.

Anfahrt: Die Strände sind über die D 559 zu erreichen. Beschilderung für den jeweiligen Strand. Zwischen den einzelnen Stränden pendelt ein Petit Train – bequemer geht's nicht. Und die Parkplatzsorgen sind Sie los.

Cavalaire-sur-Mer – La Croix Valmer – Ramatuelle

Mit den beiden feinsandigen **Beaches Bouillabaisse** und **Gigaro** besitzt die von Caps geschützte Bucht von Cavalaire zwei besonders familienfreundliche Sandstrände. Hier gibt es Snack-Buden und Restaurants. Außerdem kann man sich Kanus ausleihen und an der Küste entlangpaddeln.

Weiter östlich stößt man auf die **Plage de L'Escalet** (Parkplatz, Erfrischungen). Der kleine Sandstrand liegt zwischen Felsen und ist vor allem bei Einheimischen sehr beliebt. Von der Plage aus führt ein traumhafter Wanderweg bis zum Cap Taillat. Dazwischen schieben sich flache Felsplateaus ins Meer und bilden eine Vielzahl kleiner Becken, in denen auch Kleinkinder gefahrlos planschen können. Man muss allerdings ein bisschen kraxeln, um hinzukommen. Ein schöner Strand findet sich auch direkt am Cap Taillat. Leider ankern hier immer viele Boote. Aber es gibt etliche andere Stellen, an denen man sich niederlassen kann. Außerdem wartet das Kap darauf, von kleinen Entdeckern erobert zu werden. Ein Pfad führt einmal um die Insel, die ein Refugium für seltene Pflanzen ist. Hier gedeihen zum Beispiel Zwergpalmen. Das Kap wurde vor ewigen Zeiten besiedelt. Zeugnis ist eine 4.000 Jahre alte Grabstätte, die 1935 entdeckt wurde. Sie barg Pfeilspitzen, Ohrgehänge und Perlen. Westlich vom Kap breitet sich die **Plage de la Briande** aus – ein von Schilf und schattigen Pinien gerahmter Sandstrand. Der ideale Platz, um Sandburgen und Hütten aus Schilfrohr zu bauen. Viel Aufruhr herrscht immer, wenn das kleine Boot anlegt – es bringt (bei ruhiger See) Getränke, Eis und Sandwiches.

Anfahrt: Die Strände in der Bucht von Cavalaire erreichen Sie über die D 559. Von dort den Beschilderungen folgen. In Croix Valmer weist ein Schild den Weg zum Gigaro-Strand. Wer zur Plage de L'Escalet möchte, biegt auf der D 559 in Croix Valmer Richtung Ramatuelle ab. Kurz vor Ramatuelle zweigt eine Straße rechts zum Strand ab (beschildert). Snackbude und gebührenfreie Parkmöglichkeiten vor Ort.

Die privaten Strände kosten zwar etwas, bieten aber alle Annehmlichkeiten

Die Strände von St-Tropez

Strände haben St-Tropez berühmt gemacht. Surfen, Segeln, Wasserski, Tauchen, Jet-Ski – rund um das größte »Dorf« der Küste treffen sich aktive Beachfans. Die Hauptstrände befinden sich an der weiten **Baie de Pampelonne.** Hier gibt es einige öffentliche Abschnitte, vorherrschend sind allerdings Privatstrände. Ganz am Ende der Bucht kommt man zum **Esquinade-Strand** mit dem Strandrestaurant gleichen Namens. Von weitem sind die wackeligen blauen Tischchen im Sand zu erkennen. Drinnen hängen vergilbte Schwarz-Weiß-Fotos der Bardot. Das Essen ist köstlich und die (norwegische) Bedienung verwöhnt den Gast nach allen Regeln der Kunst. Hausstrand von St-Tropez ist übrigens die **Plage des Salins.**

Anfahrt: Von der D 93 führen Stichstraßen zu allen Stränden der Baie de Pampelonne. Parkplätze sind reichlich vorhanden. Auch Bars und Restaurants gibt es in Hülle und Fülle. Die Plage des Salins erreicht man von St-Tropez aus über die Route des Salins.

Badebuchten im Paket

Ein herrlicher Küstenwanderweg führt vom Hafen von St-Tropez bis zum Gigaro-Strand in La Croix Valmer. Er verbindet auf 19 Kilometern die schönsten Badebuchten der Region (einen ganzen Tag einplanen!). Erst geht es um das Cap de St-Tropez, vorbei an den Villen der Reichen und Schönen, bis zur Plage de Pampelonne. Dann passiert man den Leuchtturm von Camarat. Weiterer Höhepunkt: das Château Volterra hinter dem Cap Camarat.

Party am Pampelonne-Strand

Die Baie de Pampelonne ist ein geschichtsträchtiger Ort. Am 15. August 1944 landeten hier die Truppen der 3. US-Division. Heute knallen am Strand nur noch die Korken. Klubs wie das legendäre Voile Rouge sind immer noch die beliebtesten Plätze für ausschweifende Schampus-Partys. Im wahrsten Sinne die erste Adresse am Strand ist der 1955 eröffnete Club 55. Nicht neureicher Trubel, sondern dezente Eleganz bestimmt hier den Ton.

Von St-Tropez bis Cannes

Zwischen St-Tropez und Fréjus liegen eine Vielzahl klassischer Familienbadeorte. Beliebt ist vor allem **Ste-Maxime** mit schönen, langen Sandstränden. Leider liegen sie direkt an der Uferstraße. Aber das stört hier kaum jemanden. Trubel ist angesagt in diesem quirligen Ort mit palmengesäumter Uferpromenade, rappelvollem

Jachthafen, Bars, Restaurants und Boutiquen. Wer's lieber ruhiger hat, weicht in die sandigen Buchten in der östlich gelegenen Baie de Bougnon aus. Von dort ist es dann auch gar nicht mehr weit bis nach **Les Issambres,** einem in Pinienwälder eingebetteten Familienferienort mit schönen Badestränden.
St-Aygulf besitzt mit dem Naturschutzgebiet **Etang de Villepey** einen ganz besonderen Schatz. Dahinter zieht sich ein wunderbarer Strand bis zum Flüsschen Argens. Auf der anderen Seite des Ufers liegt der goldene Sandstrand von **Fréjus-Plage.** Der in der Saison stark frequentierte Strand ist drei Kilometer lang und führt seicht ins Wasser. Direkt an der Plage liegt die 1992 errichtete Ferienanlage Port-Fréjus mit Jachthafen, Hotels, Restaurants, Boutiquen und Fußgängerzonen. Im benachbarten **St-Raphaël** trifft man sich am feinsandigen Sandstrand **Plage de Veillat.** Ruhiger sind die östlich anschließenden Badebuchten von **Dramont** und **Agay,** die für ihre ausgezeichnete Wasserqualität bekannt sind, stellenweise aber schnell sehr tief ins Meer abfallen – Kleinkinder sollten Sie hier unbedingt im Auge behalten. Kindgerechter ist der Hauptstrand von **Théoule-sur-Mer** mit Bootsverleih und einem guten Strandrestaurant. **La Napoule-Mandelieu** hat nicht nur wunderbare Sandstrände. Hier kann man auch im Schatten einer Burg im Meer planschen, die der amerikanische Bildhauer Henry Clews 1918 auf den Ruinen eines mittelalterlichen Schlosses errichtet hat.

Anfahrt: Alle diese Strände sind über die N 98 zu erreichen.

Im Wasser haben die Kinder stundenlang ihren Spaß

Von Cannes bis Nizza

Wer in Cannes ins Wasser springen möchte, hat die Wahl zwischen dem exklusiven **Beach Club** an der Croisette und den beiden öffentlichen Stränden **Plage du Midi** und **Plage de la Bocca** westlich vom Vieux Port. Auch am Palais des Festivals gibt es einen kleinen gebührenfreien Strandabschnitt – mit vorgelagerter Insel. Apropos: Auch auf den Iles de Lérins finden sich schöne Badestrände (Kiesel/Sand). Mit der Fähre kommt man hin (siehe Seite 115). Achtung: Nacktbaden ist hier absolut tabu. Wer trotzdem die Hüllen fallen lässt, muss mit Geldstrafen in fünfstelliger Höhe rechnen. Außerdem herrscht auf beiden Inseln wegen der akuten Waldbrandgefahr Rauchverbot.

Golfe-Juan gibt sich seit Jahr und Tag bescheiden, entspannt und sympathisch. Und deshalb ist am beliebten und äußerst gepflegten Sandstrand mit öffentlichen und privaten Abschnitten immer viel los (Segeln, Wasserski, Tauchen etc.). Fein, aber recht schmal ist der Sandstrand von **Juan-les-Pins.** Außerdem ist der Strand mit gebührenpflichtigen Abschnitten zugepflastert.

PLANSCHEN IN DER BUCHT

Das gilt auch für die kleinen Plages am **Cap d'Antibes.** In einer schönen Bucht liegt die kinderfreundliche **Plage de la Garoupe.** Sehr fein ist der **Privatstrand Joseph** mit vorzüglichem Strandrestaurant und einem Spazierweg, der bis zum

Baden ist auch im Landesinneren möglich, wie hier am Lac de Sainte-Croix

Badeseen

Auch im Landesinneren gibt es schöne Bademöglichkeiten. Klassiker sind die Verdon-Seen Lac de Castillon und Lac de Sainte-Croix, wo man auch Boote mieten, segeln und surfen kann. Etwa 20 Kilometer südwestlich von Grasse liegt der idyllische Lac de St-Cassien. Der Stausee mit seinem kristallklaren Wasser wird umrahmt von einem schönen Wald. Kleine Kapitäne erstürmen sogleich die Tretboote, die hier zum Verleih bereitstehen.

Cap Gros führt. Recht locker geht es an der **Plage de la Salis** zu, dem Hausstrand von Antibes. Die Kiesstrände zwischen dem Cap d'Antibes und Nizza sind nicht sonderlich attraktiv. Teilweise liegen sie direkt neben der Küstenstraße – für die Autofahrer ist das prima, für die Badenden einfach nur nervig. Aber es gibt ja genügend Alternativen.

Anfahrt: In Cannes immer den Ferraris folgen – dann landen Sie automatisch an den Stränden der Croisette. Gebührenpflichtige Parkplätze sind genug vorhanden. In den Badeorten sind die jeweiligen Strände ausgeschildert.

Von Nizza bis Menton

In Nizza können Sie zwischen 15 schönen Privatstränden wählen und mehreren gepflegten öffentlichen Plages (mit kostenlosen Duschen). Da die Badegewässer einer regelmäßigen Kontrolle unterliegen, ist die Wasserqualität recht gut. Wie in Cannes bieten die Privatstrände gegen eine saftige Gebühr Liegestühle, Sonnenschirme, Umkleidekabinen, Duschen und Leckereien in den angeschlossenen Restaurants. Teilweise verfügen sie sogar über kleine und überwachte Kinder-Schwimmbäder (am Strand!) und Spielplätze. Surfen, Parasailing, Tretboot, Wasserski, Jet-Ski – fast alles ist in den Beach-Clubs möglich. Der **Miami-Strand** lockt mit einem aufblasbaren Schloss, **Neptune** hat sogar eine finnische Sauna und vom Ruhl-Strand kann man mit einer 25 Meter langen Jacht ins Meer stechen. An den öffentlichen (Kies-)Stränden geht es rustikaler, aber auch herzlicher zu. Wer Kontakt zu den Einwohnern Nizzas sucht, wird ihn hier finden – das gilt für Groß und Klein. Den Kontrast dazu bilden die Plages am **Cap Ferrat,** wo sich fast alle Strandabschnitte in Privatbesitz befinden. Hier gibt es nur zwei öffentliche Strände: die **Plage Paloma** östlich des Hafens von St-Jean-Cap-Ferrat und die Plage du Passable gegenüber von Villefranche. Für Kinder sind die Strände nicht unbedingt geeignet, da sie stellenweise sehr steil ins Meer abfallen. Eine familienfreundli-

Fische gucken am Cap

Wem Monaco zu hektisch ist, der begibt sich auf einen Ausflug mit dem Glasbodenboot. Das Schiff fährt die 4.100 Meter lange Küste des Fürstentums einmal rauf und runter. Am Cap d'Ail stoppt der Kapitän die Maschinen – damit große und kleine Passagiere die Unterwasserwelt in aller Ruhe betrachten können. Abfahrtsort: Hafen. Dauer: 55 Min. Erw. FF 70, Kinder FF 50.

Viel Platz zum Toben bieten Nizzas öffentliche Strände

che Alternative ist der öffentliche Strand des traditionsreichen Badeortes **Beaulieu-sur-Mer.** Hier gibt es auch eine kleine Snackbar. Duschen sind ebenfalls vorhanden.

MONACO

Wer hätte das gedacht? Auch mitten in Monaco kann man baden. Zur Wahl stehen (teure) Privatstrände und Schwimmbäder, von denen eins direkt am Hafen liegt. Öffentlich zugänglich ist der sehr gepflegte Kiesstrand **Plage du Larvotto** im Osten Monte Carlos. Hier gibt es auch Duschen und Restaurants. Apropos: Wer in Monaco kein freies Plätzchen findet, springt am **Cap d'Ail** ins Wasser. Man trifft sich am hübschen Kiesstrand mit Strandklub. Oder in **Menton,** das geschützt in einer sichelförmigen Bucht liegt und als wärmster Ort der Côte d'Azur gilt. Schon deshalb wimmelt es an den gepflegten Kiesstränden an der Promenade du Soleil und am Quai Bonaparte von Sonnenanbetern. Außerdem kann man hier segeln und mit Wasserskiern über die Wellen düsen.

Anfahrt: Die Strände von Nizza liegen direkt an der Uferstraße. Die Plage du Larvotto befindet sich im Osten Monte Carlos an der Straße nach Menton (beschildert).

Wer auf Matten steht, liegt am Privatstrand goldrichtig

Zehn Touren, die allen Spaß machen

Damit Sie sich noch schneller zurechtfinden, sind die wichtigen Informationen zu den beschriebenen Sehenswürdigkeiten am Ende jeder Tour in einem praktischen Block zusammengefasst.

Tour 1: Kleine Alpen, große Kunst und ein verrückter Maler

Arles • Abbaye de Montmajour • St-Rémy-de-Provence

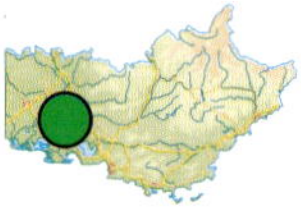

Wo: Arles und die Alpilles - Wie: zu Fuß und mit dem Auto - Dauer: Tagesausflug - Nicht vergessen: bequeme Schuhe

Gässchen mit alten Häusern, römische und romanische Kunstschätze, dazu bunte Märkte, Plätze mit schattigen Platanen und über allem das Sonnenlicht des Südens. Für viele ist **Arles** die schönste Stadt der Provence. Schon immer hat die attraktive Südländerin Besuchern den Kopf verdreht. Besonders hart traf es einen blassen Holländer. Der Rotschopf hatte viele Ideen, wenig Geld und hieß Vincent van Gogh. Im Februar 1888 kam der Maler nach Arles - und blieb 15 Monate. In dieser kurzen Zeit schuftete van Gogh wie ein Besessener und vollendete über 200 ausdrucksstarke Gemälde und fast ebenso viele Zeichnungen. Auch wenn manche seiner Motive nicht mehr existieren, so erinnert in Arles doch vieles an das verkannte Genie. Es bietet sich also an, den Stadtbummel mit einer spannenden Spurensuche zu verbinden. Danach führt die Tour - weiter auf den Spuren van Goghs - in die Alpilles, die kleinen Alpen. Es geht zu einer Benediktinerabtei aus dem 10. Jahrhundert mit Kreuzgang, Einsiedlerhöhlen und einer Felskapelle. Nächste Etappe ist eine Mühle, bevor die Tour in das schöne St-Rémy-de-Provence führt. Hier kann der Ausflug stimmungsvoll bei einem Café unter Platanen enden. Achtung: mittwochs oder samstags fahren, dann ist Markt in Arles!

Düstere Prophezeiungen

Geheimnisvoll war jener Nostradamus, berühmter Arzt und Astrologe. Düster seine Wahrsagungen. Ältere Kinder werden ihren Spaß an dem spannend gemachten Museum haben. Hier verbrachte Nostradamus seine letzten Lebensjahre. La Maison Nostradamus, Rue de Nostradamus 2, 13300 Salon-de-Provence, Tel. 04 90 56 64 31. Okt-Mai tägl. 10-18, Juni-Sep 10-22 Uhr, Eintritt: Erw. FF 15, Kinder FF 12.

STEINE FÜRS KLOSTER

Am **Office de Tourisme** (Parkplätze) gibt es die nötigen Ausrüstungsgegenstände für die City-Expedition: Broschüren, Stadtplan und eine Spezialkarte (»Case Monument«), die gegen eine Gebühr von FF 70 zum Besuch aller Museen in Arles berechtigt. Erst mal empfiehlt sich ein Bummel über den trubeligen Boulevard des Lices. Hier treffen sich die Arlesier mittwochs, vor allem aber samstags früh zu einem der schönsten Märkte der Provence - und nippen ansonsten in den Bars am Pastis.

Im angrenzenden Jardin d'Eté stoßen Sie erstmals auf van Gogh - eine Büste erinnert daran, dass der Künstler den Park mehrmals gemalt hat. Nun ist es nicht mehr weit bis zum **Théâtre antique** und der römischen Arena. Arles war in der Antike Hauptstadt Galliens. Da Arles Bürger bei der Eroberung von Massilia (Marseille) geholfen hatten, zeigte sich Rom erkenntlich. Cäsar ließ die Stadt prachtvoll ausbauen, sodass sie bald den Beinamen »kleines Rom Galliens« verdiente.

Das Théâtre antique (1. Jh.) mit Resten der alten Bühne wurde im Gegensatz zu den meisten anderen römischen Theatern (wie z.B. Orange, siehe Kasten Seite

Schattige Platanen verwandeln viele Straßen der Provence in zauberhafte Alleen

Die Arena von Arles: einst Schauplatz grausiger Gladiatoren-Kämpfe

103) auf einem Hügel erbaut. Im Mittelalter diente es als Steinbruch. Unter anderem wurde der Kreuzgang von St. Trophime (siehe Seite 43) aus dem antiken Baumaterial errichtet. Heute werden in dem Theater Konzerte gegeben. Es ist von Zäunen umgeben und im Innern durch technische Anlagen verunstaltet. Interessanter ist das nur wenige Schritte entfernte **Amphithéâtre,** das größte antike Bauwerk der Stadt. 20.000 Menschen strömten im Altertum in die Arena und schauten sich die Gladiatorenkämpfe an. Heute finden hier Stierkämpfe statt. Eine Besichtigung lohnt sich auf jeden Fall – schon wegen des tollen Ausblicks vom Turm.

Hakelige Sache

Bereits vor 600 Jahren fand in Arles der erste Stierkampf statt. Harmloser als die blutigen Spektakel sind die Cours de taureau, bei denen der (Camargue-)Stier im Gegensatz zur spanischen Corrida de torros nicht getötet wird. Der Torero, der in Südfrankreich »Razeteur« heißt, hat nur ein Ziel: mit einem Haken die Rosette zu erhaschen, die der Stier zwischen den Hörnern trägt – dabei geht es vor allem um Mut und Geschicklichkeit.

DAS HAUS DER KÜNSTLER UND EIN ABGESCHNITTENES OHR

Bei der Arena befindet sich auch der Palais de Luppé, Domizil der 1984 gegründeten **Vincent-van-Gogh-Stiftung (Fondation Vincent van Gogh).** In den edlen Räumen hängt zwar kein Bild des Meisters, dafür schwebt sein Geist über allem und es gibt jede Menge Werke, die zeitgenössische Künstler zu Ehren van Goghs gemalt haben – so ein Haus der Künstler hatte van Gogh sich immer vergeblich gewünscht. Benommen vom Licht der Provence, wollte er gemeinsam mit Paul Gauguin in Arles

Provence-Küche unter Platanen

Nirgendwo lässt's sich in Arles stilvoller essen als in der Brasserie des Grandhotels Nord-Pinus. Im Schatten der Platanen mit Blick auf die Bronzestatue von Frédéric Mistral und das Café de nuit werden provenzalische Leckereien zu akzeptablen Preisen serviert. Mit ein bisschen Glück sieht man sogar einen Stierkämpfer, der samt Gefolge im Grandhotel absteigt.
Place du Forum 14, 13200 Arles
Tel. 04 90 93 44 44.

eine Künstlerkolonie aufbauen. Doch der Malerfreund mochte Arles nicht. Es kam zum Streit, Gauguin machte sich aus dem Staub – und der enttäuschte van Gogh schnitt sich ein Ohr ab, das er übrigens einer Prostituierten schenkte.

EIN CAFÉ IN ÖL VEREWIGT

Nächste Station ist die Place Larmatine. Hier hatte sich van Gogh im Mai 1888 in dem Wohnhaus mit der Nummer zwei für eine Handvoll Francs im Monat ein (von ihm oft gemaltes) Zimmer gemietet. Da von dem Gebäude nichts mehr zu sehen ist (es wurde 1944 von den Deutschen zerstört), geht es am Rhône-Ufer entlang bis zu den Überresten der Konstantin-Thermen und von dort zur Place du Forum. Auf dem von Platanen gesäumten Platz stehen die Stühle lauschiger Terrassen-Cafés, die sich für eine erste Rast anbieten – vielleicht wählen Sie ja das »Café de nuit«, Motiv für eines der berühmtesten Bilder van Goghs – das Café wurde übrigens nach dem Vorbild des Gemäldes restauriert. Ein Bronze-Denkmal des Dichters Frédéric Mistral (1860-1914) weist den Weg zur berühmtesten Herberge der Stadt: Im legendären Grandhotel Nord-Pinus stiegen Könige, Künstler (Picasso, Cocteau) und Stierkämpfer am liebsten ab (siehe Kasten links). Auch wenn Sie hier nicht nächtigen, sollten Sie zumindest einen Blick ins Foyer werfen. Braune Ledersessel, schwere Teppiche, Kristallkronleuchter, Stierköpfe an der Wand und Vitrinen mit antiken Torero-Outfits schaffen eine nostalgische Atmosphäre.

Die ganze Provence unter einem Dach

Frédéric Mistral (1860-1914) – Urvater der provenzalischen Heilslehre – wählte Arles als Standort für sein Musée Arlaten. Das in einem schmucken Adelspalast untergebrachte Heimatmuseum gibt einen guten Überblick über die provenzalische Kulturgeschichte. Musée Arlaten, Rue de la République 29, 13200 Arles, Tel. 04 90 96 08 23. Okt-März 9.30-12.30, April, Mai, Sep tägl. außer Di 9.30-12.30 u. 14-18, Juni, Aug 9.30-13 u. 14-18.30 Uhr. Eintritt: Erw. FF 20, Kinder FF 15.

RIESIGER ZAHNSTOCHER

Letzte Station des Rundganges ist die Place de la République mit ihrem einzigartigen baugeschichtlichen Ensemble. In der Mitte des Platzes steht ein Obelisk, den Julius Cäsar aus Ägypten mitbrachte. Der riesige »Zahnstocher«, der früher den römischen Zirkus geziert haben soll, wurde im 17. Jahrhundert an der Place aufgestellt. Ein Brunnen umgibt die Säule aus türkischem Granit, und grüne Gesichter mit langer Löwenmähne spucken unablässig Wasser ins Bassin. Schräg gegenüber dem klassizistischen Rathaus erhebt sich die romanische **Kathedrale St-Trophime** mit ihrem berühmten Kreuzgang und einem nicht minder bewunderten Portal, das die Verdammten auf ihrem Weg in die Hölle zeigt. Durch dieses Portal schritt schon Fried-

Der Kreuzgang von St-Trophime in Arles ist einer der schönsten der Provence

rich Barbarossa, der im Juli 1180 in der Kirche zum König gekrönt wurde.

AUF IN DIE ALPILLES!

Brauchte man bei all dieser Pracht noch einen verrückten Maler? Arles mochte van Gogh nicht. Und so verscheuchte die biedere Bürgerschaft den komischen Kauz in die Provinz – also nichts wie hinterher! Die Spurensuche führt quer durch die Alpilles, die »kleinen Alpen«, nach St-Rémy-de-Provence. Die »kleinen Alpen« sind übrigens wirklich klein. Noch nicht einmal 500 Meter hoch erstreckt sich das lichtüberflutete Kalksteinmassiv zwischen Tarascon und Salon-de-Provence. An den Felshängen kleben pittoreske Dörfer. Weingärten, Olivenhaine und Gemüsefelder prägen das friedliche Bild der Ebene. Es ist eine Landschaft voller Märchen und Mythen, ein vor allem bei Franzosen beliebtes Ausflugsgebiet – viele finden, dass hier das Herz der Provence schlägt.

ZU BESUCH BEI DÄMONEN UND EINEM DICHTER

Erstes Etappenziel auf dem Weg nach St-Rémy ist die **Abbaye de Montmajour**. Die prachtvolle Benediktiner-Abtei aus dem 10. Jahrhundert war im Mittelalter eines der bedeutendsten Klöster weit und breit. Allein der Kreuzgang mit seinen gruseligen Dämonendarstellungen lohnt einen Abstecher. Außerdem kann man Einsiedlerhöhlen und eine in den Fels gehauene Kapelle besichtigen.
Als nächstes treffen Sie auf die **Moulin de Fontvieille**. Der Dichter Alphonse Daudet (1840-1897) machte die Mühle durch seine »Lettres de mon moulin« (dt. »Briefe aus meiner Mühle«) berühmt. Zuerst waren die Provenzalen gar nicht gut auf den Mann zu sprechen, denn erstens hat er niemals in der Mühle gesessen (die Briefe schrieb er in Paris) und zweitens hat er seine Landsmänner in den Briefen als liebevolle, aber ziemlich tumbe und einfältige Zeitgenossen beschrieben. Nun, man verzieh dem Dichter und richtete ihm zu Ehren ein Museum in der nach ihm benannten Moulin de Daudet ein.

ANTIKES TRÜMMERFELD

Vorbei an Les Baux-de-Provence (siehe Seite 105) führt der Weg über die D 5 mitten durch das Massiv nach **St-Rémy-de-Provence**. Man verliebt sich sofort in diese Stadt, deren Boulevards in einem Meer von Platanen versinken. Hier lässt man sich gern zu einem Café nieder, bummelt an den Auslagen der schönen Läden vorbei und besucht danach vielleicht die nahen Ausgrabungsstätten der römischen Stadt Glanum. Nicht weit vom antiken Trümmerfeld befindet sich das **Monastère de Saint-Paul-de-Mausole**. Es beherbergte einen berühmten Gast: Im Mai 1889 ließ sich van Gogh freiwillig in das Augustinerkloster einliefern, das damals wie heute eine Nervenheilanstalt war. In den umliegenden Feldern arbeitete van Gogh wie besessen. Pausenlos pinselte er Sonnenblumen, Olivenhaine und Sternennächte mit grobem Strich auf die Leinwand. Heute führt ein Wanderweg zu den Stellen, die der Meister malte (detaillierter Prospekt im Touristenbüro). Nach einem Jahr galt van Gogh als geheilt. Am 29. Juli 1890, nur zwei Monate nach seiner Entlassung, beging er im Alter von 37 Jahren Selbstmord. Tragisch: Der Wegbereiter der modernen Malerei hat zu Lebzeiten kein Bild verkauft – heute werden für seine Werke zweistellige Millionenbeträge bezahlt – Summen, die sich weder Arles noch St-Rémy-de-Provence leisten können. Und so besitzt keine der beiden Städte, die durch van Gogh weltberühmt wurden, ein Original des Malers, der in der Provence die (Kunst-) Welt veränderte.

Begeistern nicht nur eingefleischte Naturfans: die Alpilles

Office de Tourisme, Boulevard des Lices, 13200 Arles, Tel. 04 90 18 41 21.

Théâtre antique, Rue de Cloître, 13200 Arles, Tel. 04 90 49 36 36, April-Sep tägl. 9-18, März 10-16.30 Uhr. Erw. FF 15, Kinder FF 9.

L'Amphithéâtre, Rond-Point des Arènes, 13200 Arles, April-Sep tägl. 9-18, März 10-16.30 Uhr. Erw. FF 15, Kinder FF 9.

Fondation Vincent van Gogh, Palais de Luppé, Rond-Point des Arènes 24, 13200 Arles, Tel. 04 90 49 94 04. April-15. Okt tägl. 10-19, 16. Okt-März 9.30-12 u. 14-17.30 Uhr. Eintritt: Erw. FF 30, Kinder FF 20.

Cathédrale St-Trophime, Place de la République, 13200 Arles, April-Sep tägl. 9-18, März 10-16.30 Uhr. Eintritt für den Kreuzgang: FF 15.

Abbaye de Montmajour, Rue de Fontvieille, bei Arles an der D 17, April-Sep tägl. 9-19, Okt-März 9-12 u. 14-17 Uhr. Eintritt: Erw. FF 32, Kinder FF 21.

Moulin de Daudet, 13990 Fontvieille, Mai-Sep tägl. 9-12 u. 14-19, Feb-April u. Okt-Dez tägl. 10-12 u. 14-17 Uhr.

Office du Tourisme, Place Jean-Jaurès, 13210 St-Rémy-de-Provence, Tel. 04 90 92 05 22.

Monastère de Saint-Paul-de-Mausole, Quartier Saint-Paul, hinter der antiken Stadt Glanum, 13210 St-Rémy-de-Provence, tägl. 9-19 Uhr.

Tour 2: Safari light im Land der weißen Pferde

Die Camargue: Saintes-Maries-de-la-Mer

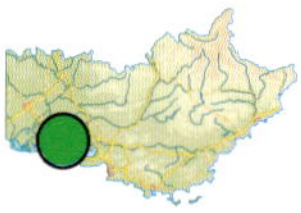

Wo: südlich von Arles, Rhônedelta - Wie: zu Fuß, mit dem Fahrrad und dem Auto - Dauer: Tagesausflug - Nicht vergessen: bequeme Schuhe, Badezeug, Fernglas

Rosarote Flamingos, die in Schwärmen über flachen Strandseen aufsteigen. Herden halb wilder weißer Pferde und schwarze Stiere, die von berittenen Hirten übers Land getrieben werden. Solche Bilder kommen einem in den Sinn, wenn man an die Camargue denkt. Aber am größten Naturschutzgebiet Europas scheiden sich die Geister: Die einen fluchen über die Mücken und finden die feuchte Ebene schlicht langweilig, andere sind verzaubert und schwärmen von der Melancholie des Sumpfes, von Freiheit und Abenteuer in Frankreichs Wildem Westen. »Sie verbirgt ihr Geheimnis hinter ihrer eigenen Selbstverständlichkeit«, schrieb der provenzalische Schriftsteller Jean Giono einmal über die Camargue und trug damit auch nicht gerade zur Aufklärung bei. Am besten man fährt selbst mal durch. In zahlreichen Naturschutzstationen, auf Lehrpfaden und Beobachtungstürmen kommt man den Naturschönheiten der Camargue und ihrer gefiederten Bewohner näher. Abwechslungsreich gestaltet sich die Tour per Auto, Fahrrad, zu Fuß oder mit dem Schaufelraddampfer.

Pferdefans aufgepasst! Camargue-Erkundung hoch zu Ross!

Camargue ahoi auf der Tiki III

Der Campingplatz »Le Clos du Rhône«, westlich von Saintes-Maries-de-la-Mer gelegen, ist Anlegestelle für Tiki III. Der rot-weiße Schaufelraddampfer bricht tagtäglich zwischen März und November zur Mini-Kreuzfahrt über die Petit Rhône auf. Vom Boot aus sieht man Stiere, Pferde und Vögel. Die Rundfahrt dauert etwa anderthalb Stunden. Tiki III, Le Grau d'Orgon, 13460 Saintes-Maries-de-la-Mer, Tel. 04 90 97 81 68. Erw. FF 15, Kinder unter 12 J. frei.

IMMER IN BEWEGUNG

Die Camargue ist fast 100.000 Hektar groß. Als Grand Camargue erstreckt sie sich zwischen Petit Rhône und Grand Rhône, den Mündungsarmen der Rhône.

Auf dem Drahtesel durch den Sumpf

Die flache Camargue ist ein Paradies für Radfahrer. Von Saintes-Maries-de-la-Mer führt die klassische, ca. 70 Kilometer lange Strecke nach Norden zum Etang du Vaccares und dann über Villeneuve und den Phare de la Gacholle über den Deich zurück nach Saintes-Maries-de-la-Mer. Radverleih bei Le Velo Saintos, Av. de la République 19, 13460 Saintes-Maries-de-la-Mer, Tel. 04 90 97 81 45. Leihgebühr: FF 20/Std., FF 80/Tag, FF 400/Woche.

Seit Jahr und Tag schiebt die Rhône Massen von Schlamm und Geröll ins riesige Delta. Die Landschaft ist stets in Bewegung. Für einige Orte hatte das dramatische Konsequenzen. So war Aigues-Mortes im Mittelalter noch Hafenstadt. Heute liegt der für seine imposante Stadtmauer bekannte Ort fünf Kilometer im Hinterland. Andere Gebiete, die früher im Hinterland lagen, befinden sich jetzt am Meer.

Das Delta ist ein Refugium für Reiher, Raubvögel, Uhus, Störche, Fische, Wasserschildkröten, Bisamratten, Biber und andere tierische Zeitgenossen. Fotogene Wahrzeichen der Camargue sind (neben Stieren und Pferden) die scheuen rosaroten Flamingos, von denen hier ungefähr 20.000 Paare leben. Kleine Abenteuer stellen sich meist ganz unverhofft ein – etwa wenn sich plötzlich eine Herde schwarzer Stiere ins Blickfeld schiebt. Das Herz schlägt schneller und man ist ganz froh, dass sich zwischen Mensch und Tier ein Zaun befindet. Meist sind es Kampfstiere, die hier für spanische und französische Arenen gezüchtet werden.

NATURPARADIES IN GEFAHR

Ihre Unschuld hat die Camargue schon lange verloren. Die Pflanzen- und Tierwelt des Schwemmlandes ist zwar (noch) intakt, doch Abwässer der Rhône machen dem Naturparadies zu schaffen.

Vorsichtige Annäherung von Ross und (kleinem) Reiter

Begegnung unterwegs: die berühmten Stiere der Camargue

Außerdem ist die einstige Wildnis heute kultiviertes Land. Wussten Sie, dass die Araber schon im Mittelalter Reis im Schwemmland angebaut haben und dass die Camargue Frankreich heute noch mit Reis versorgt? Auch die Gardians, wie die Cowboys der Camargue genannt werden, treiben Rinder-, Pferde- und Schafherden (Manades) nicht nur so zum Spaß oder für die Touristen über die Weide – es ist ihr Job. Viehzucht ist in der Camargue ein bedeutender Wirtschaftsfaktor, aber auch ein schwieriges Geschäft. Immer mehr Farmer schließen ihre Betriebe und öffnen die Gehöfte für zahlungskräftige Touristen.

EIN PFAD DURCH DEN SUMPF

Klassischer Ausgangspunkt einer Tour durch die Camargue ist Arles. Von hier aus führt die D 570 bis nach Saintes-Maries-de-la-Mer. Erst geht es durch die Sonnenblumen- und Reisfelder der oberen Camargue, bis nach etwa zehn Kilometern das ausgezeichnete **Musée Camarguais** auftaucht. Der Bauernhof Mas du Pont de Rousty dient dem Öko-Museum als rustikales Domizil. Wer etwas über die geologische Geschichte der Camargue, die Urbarmachung des Deltas, die Gardians und die bäuerliche Alltagskultur erfahren möchte, wird hier bestens bedient. Besonders lohnend ist ein Spaziergang auf dem 3,5 Kilometer langen Lehrpfad, der einen guten Einblick in das bäuerliche Leben und die Anbaumethoden der Camargue gibt.

PARADIES FÜR VOGELFANS

Im südlichen Teil der Camargue wird das Bild öder. Kulturpflanzen haben keine Chance mehr. Es ist die Landschaft der Postkartenmotive, mit flachen Salzseen, Schilfsümpfen, Lagunen und Dünen. Hier kommen vor allem Hobby-Ornithologen auf ihre Kosten – 400 Wasservogelarten sind in der Camargue zu Hause. Erste Anlaufstelle, etwa vier Kilometer vor Saintes-Maries-de-la-Mer, ist das **Centre d'Information du Parc**, wo eine Video-Show mit Flora und Fauna der Camargue vertraut macht und die Vögel durch Panoramafenster beobachtet werden können. Nur ein paar Meter weiter befindet sich der **Parc Ornithologique de Pont de Gau**. Hier sieht man fast alle Vögel,

Abenteuer pur – per Jeep oder hoch zu Ross

Die Fremdenverkehrsbüros von Arles und Saintes-Maries-de-la-Mer bieten spannende Jeep-Safaris durch die Camargue an. Selbstverständlich sieht man unterwegs jede Menge Gardians und schwarze Stiere (Camargue-Organisation Arles, Tel. 04 90 96 94 44). Im Naturschutzgebiet gibt es auch viele Reiterhöfe, die Ausritte anbieten. Stilechter kann man die Camargue nicht erkunden. Infos unter Tel. 04 90 97 86 32.

die in der Camargue leben oder hier während ihres Zuges nach Süden ein Päuschen einlegen. Ein ganzes Arsenal von Lehrtafeln, Vogel-Steckbriefen und Vogelzugkarten gibt auch dem Laien leicht verständlich Auskunft über die muntere Vogelwelt des Schwemmlandes. Ein Pfad, der sich auf mehreren Kilometern durch Schilf und Sumpf schlängelt, und eine Tarnhütte bringen stille Beobachter ganz nah an die Vögel heran. Bussarde, Uhus, Schwarze Milane und andere in der Natur schwer zu beobachtende Arten wurden in einem weitläufigen Vogelgehege einquartiert.

WALLFAHRT

»Zugvögel« ganz anderer Art trifft man in **Saintes-Maries-de-la-Mer:** Touristen strömen jedes Jahr gleich scharenweise in den sympathischen Ferienort, dessen bauliche Hauptsehenswürdigkeit die Wehrkirche (12. Jh.) mit den berühmten Marien-Reliquien ist. Sie erinnern an drei in einem Boot ausgesetzte Marien, die samt ihrer schwarzen Dienerin Sara im Jahr 45 n. Chr. an der Stelle der heutigen Wallfahrtskirche gelandet sein sollen, um danach die Provence zum Christentum zu bekehren (siehe Kasten Seite 10). Jene Sara steht auch im Mittelpunkt der berühmten Wallfahrt. Tausende Sinti und Roma aus ganz Europa finden sich jedes Jahr im Mai zu der farbenfrohen Prozession ein, um ihrer Schutzpatronin zu huldigen (siehe Seite 142). Tipp: Wer mehr über ihre Geschichte und ihr Leben erfahren möchte, schaut im **Musée Tsigane** vorbei. Historische Wohnwagen, Filme, Führungen und eine Vielzahl von Dokumenten erzählen spannende Geschichten aus dem Leben der Sinti und Roma. Das Freilichtmuseum liegt etwa zehn Kilometer nördlich von Saintes-Maries-de-la-Mer.

STRANDFREUDEN UND STIERHATZ

Nach einem Sonnenbad am kilometerlangen Sandstrand von Saintes-Maries-de-la-Mer steht die zweite Etappe der Tour bevor. Erst nach Norden bis Albaron, dann nach rechts auf die D 37, die immer am Etang de Vaccares entlangführt, dem größten Strandsee der Camargue. Im Nordwesten des Sees bietet sich für Familien ein Abstecher zur **Domaine de Méjanes en Camargue** an. In diesem Vergnügungspark der Pastisfirma Ricard zeigt sich die Camargue von ihrer trubeligen Seite. Auf dem Anwesen gibt es Snackbuden, Andenkenläden und

Siesta mit Stier-Salami

In der Nähe von Salin-de-Giraud liegt das Mas Bertrand. Man isst unter freiem Himmel an langen Holztischen. Die rustikale Karte bietet Spezialitäten der Camargue. Auch Ausritte in der Gruppe werden hier organisiert (FF 80/ Std., Tour zum Meer: FF 350). Als Alternative steht eine Armada von Fahrrädern bereit (FF 25/ Std.). Das Bauernhaus bietet auch Bed & Breakfast (an der D 36 B, nordwestl. von Salin-de-Giraud).

Spielplätze für die Kids. Hauptattraktion sind Stierkämpfe und »ferrades«, bei denen Gardians Stiere hetzen, umwerfen und brandmarken. Man kann auch selbst reiten - selbstverständlich ohne Stierbegleitung. Auch der unvermeidliche Petit train darf nicht fehlen. Mit der Bimmelbahn werden Groß und Klein bei einer Rundfahrt durchs Schwemmland geschaukelt.

MIT DEM DRAHTESEL ÜBER DEN DEICH

Hinter Villeneuve biegt die D 36 B ab, die schöne Ausblicke auf den großen See gewährt. Bald erreichen Sie **La Capelière,** ein weiteres Info-Center mit einer modernen Ausstellung zur Natur der Camargue, einem 1,5 Kilometer langen Lehrpfad und Beobachtungsstationen. Nach ein paar Kilometern zweigt eine kleine Straße nach rechts ab. Stellen Sie den Wagen auf dem Parkplatz ab und gehen Sie zu Fuß zum Phare de la Gacholle, das ist ein Leuchtturm, von dem man einen tollen Blick übers flache Land hat. Außerdem gibt es eine Hütte mit Fernrohr zur Vogelbeobachtung. Von hier aus führt auch ein fantastischer Spazier- und Fahrradweg über den 15 Kilometer langen Deich (Digue à la mer) bis nach Saintes-Maries-de-la-Mer.
Zurück zum Auto und dann Richtung Salin-de-Giraud - Fatamorgana? Nein, was hier in der Sonne glitzert, sind keine verschneiten Berge, sondern riesige Salzhalden (Camelles). Knapp eine Million Tonnen Salz liefern die Salinen von Salin-de-Giraud jedes Jahr - das deckt den Bedarf von halb Frankreich. In schmucke Döschen verpackt, wird das (Speise-)Salz in der Camargue an jeder Ecke verkauft - ein schönes Mitbringsel.

NATUR PUR

Letzte Etappe der Tour ist der Gutshof **La Palissade** im äußersten Südosten der Camargue. Das 700 Hektar große Naturschutzgebiet der Palissade erstreckt sich entlang der Grande Rhône bis zu ihrer Mündung ins Mittelmeer. Da dieses Gebiet niemals intensiv bewirtschaftet wurde, ist ein Lebensraum erhalten geblieben, der den ehemaligen Naturverhältnissen der Camargue sehr nahe kommt. Eine Naturkundeausstellung im Hauptgebäude (mit Herbarium und Aquarium) und ein Rundwanderweg (1 km) erschließen dieses schöne Fleckchen Erde samt seiner versteckten Lebensformen. Zum Abschluss noch ein Bad an der Plage de Piémanson, dem feinsandigen Hausstrand von Arles - und dann heißt es »Adieu Camargue«.

Musée Camarguais (Camargue-Museum), Mas du Pont de Rousty, 13200 Arles, Tel. 04 90 97 10 82. April-Sep tägl. außer Di 9.15-17.45, Juli-Aug 9.15-18.45, Okt-März 10.15-16.45 Uhr. Eintritt: Erw. FF 25, Kinder (ab 10 J.) FF 13.
Centre d'Information du Parc (Informationszentrum), Pont de Gau, 13460 Les Saintes-Maries-de-la-Mer, Tel. 04 90 97 86 32. April-Sep tägl. außer Freitags 9-18, Okt-März 9.30-17 Uhr. Eintritt: Erwachsene FF 25, Kinder FF 13. Kinder unter 10 Jahre frei.
Parc Ornithologique de Pont de Gau (Vogelschutzpark), Pont de Gau, 13460 Les Saintes-Maries-de-la-Mer, Tel. 04 90 97 82 62. April-Sep tägl. 9 Uhr-Sonnenuntergang, Okt-März 10 Uhr-Sonnenuntergang. Eintritt: Erw. FF 33, Kinder FF 18.
Musée Tsigane, Pioch Badet, an der D 570. Tägl. 10-18 Uhr. Eintritt: Erw. FF 20, Kinder FF 18.
Domaine de Méjanes en Camargue, am Etang de Vaccares, 13200 Arles, Tel. 04 90 97 10 10. Dez-Feb nur am Wochenende, sonst tägl. geöffnet. Besichtigung (und Eintrittspreise) nach vorheriger Absprache.
La Capelière (Info-Zentrum), La Capelière, 13200 Arles, Tel. 04 90 97 00 97. April-Sep tägl. außer Di 9-13 und 14-18, Okt-März 9-13 und 14-17 Uhr. Eintritt: Erw. FF 20, Kinder FF 10.
La Palissade, BP 5, 13129 Salin-de-Giraud, Tel. 04 42 86 81 28. Tägl. 9-17 Uhr.

Die Wehrkirche von Saintes-Maries-de-la-Mer

Tour 3: Päpste, Pechnasen und patschnass im türkisen Fluss

Avignon • Fontaine-de-Vaucluse

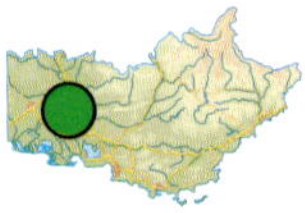

Wo: rund um Avignon – Wie: mit dem Kanu, zu Fuß, mit dem Auto – Dauer: Tagesausflug – Nicht vergessen: bequeme Schuhe, Badesachen

Museen, platanengesäumte Plätze und ein mächtiger Papstpalast in **Avignon** bilden den Auftakt der abwechslungsreichen Tour. Dann geht es auf Petrarcas Spuren nach Fontaine-de-Vaucluse, wo man einen Blick tief in die Erde wirft. Unbestrittener Höhepunkt und Schluss des Ausflugs ist die Paddeltour auf der Sorgue mit anschließendem Forellenangeln.

WELTBERÜHMTE BRÜCKE

»Sur le pont d'Avignon on y danse, on y danse...« Jeder kennt das Lied. Aber wussten Sie auch, dass es die besungene Brücke tatsächlich gibt? Sie heißt **Pont St. Bénézet** und wurde im 12. Jahrhundert errichtet (siehe Kasten). Einst war sie 900 Meter lang und überspannte zwei Rhônearme samt der dazwischen liegenden Ile de la Barthelasse. Heute stehen nur noch vier von ursprünglich 22 Arkadenbögen – die Fluten der Rhône setzten der Brücke mächtig zu und zerstörten das imposante Bauwerk gleich mehrmals. Doch die Brücke wurde immer wieder aufgebaut, bis man Ende des 17. Jahrhunderts keine Lust mehr hatte und den Stumpf so ließ, wie er war. Und so steht die Brücke mit ihrer kleinen Brückenkapelle St. Nicolas heute etwas verloren da. Übrigens: Man weiß, dass früher nicht »sur le pont«, sondern »sous le pont«, also unter der Brücke getanzt wurde. Oben oder unten – Avignon hat immer gerne gefeiert. Auch heute wird bei über 20 Festivals im Jahr gespielt und getanzt. Die Studentenstadt lebt im Freien. Tout Avignon trifft sich in den Cafés der von Platanen gesäumten Place de l'Horloge, die nach dem Uhrturm (14. Jh.) des Rathauses benannt ist.

Bénézet und der Engel

... es war einmal, anno 1177, da sprach eine Stimme zu dem Schäfer Bénézet: »Lass deine Schafe stehen und baue eine Brücke über die Rhône.« Hatte er nur geträumt oder war es wirklich ein Engel, der da gerade zu ihm gesprochen hatte? Da der junge Mann gläubig war, machte er sich auf zum Bischof. Doch dieser hatte nur schallendes Gelächter für den Hirten übrig. Erst als Bénézet einen riesigen Felsbrocken zum Ufer der Rhône trug, wurde dies als Wink von oben interpretiert – und 1185 stand die Brücke, die bis heute den Namen des Hirten trägt.

MUSEEN FÜR JEDES ALTER UND INTERESSE

Wer keine Lust hat, auf dem Platz zu verweilen, guckt sich eben ein Museum an. Und davon gibt es in Avignon eine Menge. Das **Petit Palais,** der ehemalige Kardinalspalast, zeigt Gemälde französischer und italienischer Meister. Wer sich für die Kunst des 19. Jahrhunderts interessiert, kommt am **Musée Angladon** nicht vorbei, wo u.a. van Goghs »Eisenbahnwaggons« zu sehen sind – übrigens das einzige Werk des Künstlers, das ständig in der Provence ausgestellt ist. Das

Das Rathaus von Avignon

Kindervergnügen wie vor hundert Jahren an der Place de l'Horloge

Musée Calvet ist eine wahre Schatztruhe mit antiken Skulpturen, wertvollen Gemälden (Manet, Sisley etc.), erlesenem Mobiliar und alten Münzen.

PÄPSTE IN FRANKREICH

Die Hauptstadt des Départements Vaucluse ist stolz auf ihre bewegte Vergangenheit. Wussten Sie, dass Avignon im Mittelalter bedeutender war als Paris? Das ist vor allem den Päpsten zu verdanken, die Glanz und Gloria in die Stadt brachten. Päpste in Frankreich? Ja, Päpste in Frankreich. Der deutsche Kaiser Friedrich II. hatte die Kirchenfürsten vor langer Zeit aus Rom verscheucht. Die Päpste flüchteten nach Avignon ins »babylonische Exil« – hier war man wenigstens vor den Staufern sicher. 1309 zog Clemens V. nach Avignon und kaufte kurzum die ganze Stadt – fast fünf Jahrhunderte, bis zur Französischen Revolution, sollte Avignon im Besitz der Kurie bleiben. Sieben Päpste residierten zwischen 1309 und 1377 in der Stadt und verhalfen Avignon zu einer bemerkenswerten Pracht. Plätze, Paläste, Kirchen und der fünf Kilometer lange Festungswall (Remparts) mit Pechnasen, Zinnen, Toren und Türmen, der die ganze Altstadt umschließt, stammen aus dieser Zeit.

Spritztour auf der Rhône

Eine Seefahrt, die ist lustig – auch in Avignon. Von der Papststadt legen Ausflugsboote mehrmals täglich zu Touren über die Rhône ab. Kurztrips kosten ab FF 40 (Kinder FF 20). Wer mehr will, kapert die »Miréio«. Das Schiff startet regelmäßig zu längeren Touren nach Arles, Châteauneuf-du-Pape und Tarascon. Mittags und abends wird an Bord auch Essen serviert. Anlegestelle ist der Quai de l'Oulle in Avignon. Infos unter Tel. 04 90 85 62 25.

UNTERIRDISCHE GELDVERSTECKE

Dass die Päpste sich aber auch in Avignon nicht hundertprozentig sicher fühlten, zeigt der **Papstpalast (Palais des**

Per Bimmelbahn quer durch die Stadt

Selbstverständlich hat auch Avignon seine Touristenbahn, mit der man eine halbe Stunde lang durch die Stadt rumpeln kann. Angeboten werden zwei Rundwege. Am Wegesrand liegen Palais des Papes (Startpunkt), Pont St. Bénézet, die Festungswälle und die schönen Straßen der Altstadt. Der zweite Rundweg führt hinauf zum Domfelsen. März-15. Okt, tägl. 10-19 Uhr, alle 35 Min. (Gruppen-)Reservierungen unter Tel. 04 90 82 64 44.

Papes), eines der großartigsten Bauwerke des Mittelalters (1363 weitgehend vollendet). Er ist nicht nur Kirche und Palast, sondern hat mit 50 Meter hohen Mauern, Zinnen, Schießscharten und Wehrtürmen eher den Charakter einer trutzigen Festung. Wer das Palais von innen besichtigen möchte, braucht Geduld, denn bei 500.000 Besuchern im Jahr herrscht an den Kassen zumeist wildes Gedrängel. Nachdem dieses Nadelöhr passiert ist, begeben sich die Massen mit siebensprachigen Audio-Guides auf Wanderschaft durch den größten gotischen Palast der Welt. Man kann sich kaum vorstellen, dass dies einmal die prachtvolle Kulisse ausschweifender Feste gewesen sein soll, denn die Räume wirken leer und karg. Nur wenige Säle sind mit Wandteppichen, Fresken und mittelalterlichem Mobiliar geschmückt. Am schönsten sind der Festsaal, das Schlafzimmer des Papstes (wer findet die gemalten Vogelkäfige?) und das Hirschzimmer mit Kassettendecken und Jagdszenen an den Wänden. Spannend sind die Nordsakristei mit Grabplatten geistlicher Würdenträger und die Schatzkammer, in der man einen Blick in unterirdische Geldverstecke werfen kann. Über die Große Kapelle und den Audienzsaal geht es zurück zum Ausgang. Wer jetzt noch keine schweren Beine hat, steigt über die steile Freitreppe zur Kathedrale **Notre-Dames-des-Domes** hinauf.

ZUR KÜHLEN OASE

Nach so viel Stadt ist es Zeit für eine Abkühlung. Man bekommt sie östlich

Am Ufer der Sorgue zeigt sich Fontaine-de-Vaucluse von seiner schönsten Seite

Forellen bei Philip

Das traditionsreiche Restaurant Philip liegt am Weg hinauf zur Sorgue-Quelle am Fuß des Wasserfalls. Man speist in herrlicher Umgebung auf einer Terrasse direkt über der von Wasserpflanzen türkis gefärbten Sorgue. Die freundliche Bedienung hat ein Herz für Kinder und bringt Teller mit allerlei Leckereien der Region auf den Tisch. Nahe liegende Spezialität sind Bachforellen. Restaurant Philip, 84800 Fontaine-de-Vaucluse, Tel. 04 90 20 31 81.

von Avignon im Land der Sorgue. Der geheimnisvolle smaragdgrüne Fluss und seine Nebenarme machen aus der Region zwischen dem Mont Ventoux und den Hügeln des Lubéron eine angenehm kühle Oase. Von Avignon aus führt die N 100 in Richtung Osten. Über Châteauneuf-de-Gadagne (Gründungsort der Félibrige-Bewegung, siehe Kasten Seite 6), Le Thor (Grotten von Thouzon, siehe Seite 107) und das von Kanälen durchzogene L'Isle-sur-la-Sorgue (mit uralten, moosigen Wasserrädern) erreichen Sie das strahlend schöne **Fontaine-de-Vaucluse,** das sich durch das Erbe Petrarcas, Lichtgestalt der Renaissance, und die hier entspringende Sorgue-Quelle zum touristischen Top-Ziel der Provence gemausert hat.

VIELE TOURISTEN UND EIN DUNKLES LOCH

Von der lauschigen Place de la Colonne in der Ortsmitte führt ein Fußweg hoch zu einer der größten Quellen der Welt. Nach anfänglichem Slalomlauf vorbei an Souvenirbuden, Eisständen und Restaurants wird es nach einer Weile etwas stiller. Rechts plätschert der Fluss im Vallis clausa, dem geschlossenen Tal, das dem Département seinen Namen gab. Links am Fels erinnert eine Tafel an Petrarca. Der gebürtige Italiener lebte von 1337 bis 1353 in Fontaine-de-Vaucluse, wo er »die schönsten Augenblicke seines Lebens« verbrachte. Die Bewohner widmeten dem berühmten Sohn daraufhin ein Museum mit Grafiken und alten Werkausgaben **(Musée Bibliothèque).** Sein Aha-Erlebnis hatte Petrarca aber auf dem Mont Ventoux. Hier wurde ihm bewusst, dass dem Menschen die Erde zu Füßen lag. 1314 war Petrarca nach Avignon gekommen, wo er zum ersten Mal Laura begegnete und sich unsterblich in die (verheiratete) Dame verliebte. Fortan schmachtete er sie in seinen Sonetten an. Doch zurück zur Sorgue. Nach 20 Minuten hat man die Quelle erreicht, die von 200 Meter hoch aufragenden Felsklippen umgeben ist. Wie tief die Quelle wirklich ist, ist unklar. Immer wieder sind wagemutige Höhlenforscher und Taucher hinabgestiegen, konnten das Rätsel aber nicht lüften. Das Museum **Le Monde Souterrain,** das man auf dem Rückweg passiert, berichtet über die Erforschung der Quelle. In einer nachgebildeten Höhle sind altertümliche Ausrüstungsgegenstände früherer Expeditionen, »steinzeitliche« Fresken, Stalaktiten und Kristalle zu sehen. Auch einen Blick in die benachbarte **Moulin à Papier** mit riesigem Wasserrad sollte man werfen. In einer Schauwerkstatt wird hier demonstriert, wie im Mittelalter Papier hergestellt wurde.

FEUCHTFRÖHLICHER ABSCHLUSS

Wie wär's jetzt mit einem spritzigen Vergnügen zum Abschluss der Tour? Nicht weit vom Aquädukt am Ortseingang von Fontaine-de-Vaucluse (an der Straße Richtung L'Isle-sur-la-Sorgue) befindet sich, idyllisch am Forellenteich gelegen, **Kayak Vert Aqueduc.** Von hier aus werden mehrmals täglich geführte Paddeltouren auf der Sorgue organisiert. Nach einem Trockenkurs geht es unter fachkundiger Anleitung auf Kajaks und Kanadiern acht Kilometer flussabwärts bis nach L'Isle-sur-la-Sorgue. Zweimal muss man an Schleusen aussteigen und durchs flache Wasser waten - daher ist passende Kleidung (kurze Hose und Turnschuhe) angebracht. Kurz vor Ende der Tour wird eine Rast eingelegt. Wer sich traut, springt in das eiskalte Wasser. Auf diese Weise erfrischt, ist man nun fit für ein paar Stromschnellen. Nach rund zwei Stunden legt die Gruppe an den Gestaden eines Campingplatzes in L'Isle-sur-la-Sorgue an und wird vom Mini-Bus zurück zur Basisstation nach Fontaine-de-Vaucluse geschaukelt. Hier erst mal frisch machen (Duschen, Toiletten, Getränke vor Ort), dann eine Bambusangel vom Ständer nehmen und eine Forelle aus dem großen Teich ziehen (Angel und Fisch kostenlos). Während Herr Papa sein Glück versucht, ziehen alle, die nicht mit auf Paddeltour gehen durften

Runde Sache: mit dem Elektro-Schwimmreifen über den Forellenteich

(erst ab acht Jahren), im kleinen Nachbarteich auf Elektrobötchen ihre Runden. Verständlich, dass manch einer diesen wundervollen Ort nicht so schnell verlassen möchte.

Touristenbüro, Cours Jean Jaurès 41, B.P. 8, 84004 Avignon, Cedex 1, Tel. 04 32 74 32 74.

Pont Saint Bénézet, Rue Ferruce, 84000 Avignon. Tel. 04 90 85 60 16. Di-So 9-18.30 Uhr, Okt-März Di-So 9-13 u. 14-17. Eintritt: FF 15.

Musée du Petit Palais, Place du Palais-des-Papes, 84000 Avignon, Tel. 04 90 86 44 58. Tägl. außer Di 9-12 u. 14-18 Uhr. Eintritt: Erw. FF 30, Kinder FF 20.

Musée Angladon, Rue du Laboureur, 84000 Avignon, Tel. 04 90 82 29 03. Tägl. außer Di 13-18 Uhr. Eintritt: Erw. FF 30, Kinder FF 20.

Musée Calvet, Rue Joseph Vernet 65, 84000 Avignon, Tel. 04 90 86 33 84. Tägl. außer Di 10-13 u. 14-18 Uhr. Eintritt: Erw. FF 30, Kinder FF 20.

Palais des Papes, Place du Palais-des-Papes, 84000 Avignon, Tel. 04 90 27 50 00. April-Nov tägl. 9-19 Uhr, Nov-März 9.30-17.45 Uhr. Eintritt: Erw. FF 55, Kinder FF 40.

Kathedrale, Place du Palais-des-Papes. April-Sep tägl. 9-19 Uhr.

Musée Bibliothèque Pétrarque, Château Vieux, 84800 Fontaine-de-Vaucluse, Tel. 04 90 20 37 20. April-15.Okt tägl. 9.30-12 u. 14-18.30 Uhr. Eintritt: Erw. FF 20, Kinder frei.

Museum Le Monde Souterrain, 84800 Fontaine-de-Vaucluse, Tel. 04 90 20 34 13. Feb-Nov tägl. 10-12 u. 14-17, Mai-Aug 10-12 u. 14-18 Uhr. Eintritt: Erw. FF 31, Kinder FF 21.

Moulin à Papier (Papiermühle Vallis clausa), 84800 Fontaine-de-Vaucluse, Tel. 04 90 20 34 14. Mo-Sa 10-19 Uhr. Eintritt frei.

Kayak Vert Aqueduc, Kurz vor dem Ortseingang, 84800 Fontaine-de-Vaucluse, Tel. 04 90 20 35 44. 15. April-30. Okt. Kosten: Erw. FF 110, Kinder (8-14 Jahre) FF 80.

Tour 4: Kanu-Kick im coolen Canyon

Canyon du Verdon • Castellane • Trigance • Moustiers-Sainte-Marie

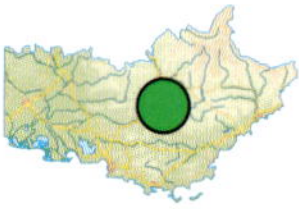

Wo: im Landesinneren, südwestlich von Castellane - Wie: mit dem Auto, Kanu und zu Fuß - Dauer: Tagesausflug - Nicht vergessen: Badezeug, feste Schuhe, Pullover, Regenjacke, Taschenlampe

»Der große Verdon-Canyon (...) ist ein Wunder, wie es in Europa kein zweites gibt. Wahrhaftig der amerikanischste aller Canyons der Alten Welt«, schwärmte der französische Höhlenforscher Edouard Martel (1859-1938), nachdem er den Canyon im August 1905 erstmals in seiner ganzen Länge (21 km) durchquert hatte. Kanus gingen zu Bruch, Fotoapparate plumpsten ins Wasser und die Forscher wurden pitschnass, dann - nach dreieinhalb Tagen - war es vollbracht.

Heute lässt sich Europas größter Canyon, mit seinen 700 Meter hohen Steilklippen eines der bedeutendsten Naturdenkmäler des Kontinents, bequemer erkunden, und zwar mit dem Auto immer an der Panoramastraße entlang. Spektakuläre Ausblicke und eine Bootsfahrt durch den Canyon machen die Tour zum unvergesslichen Erlebnis. Wer es einrichten kann, sollte nicht am Wochenende fahren. Und auch unter der Woche ist es ratsam, sehr früh loszufahren, denn dann ist man den lärmenden Massen immer ein Stück voraus.

AUF IN TIEFE SCHLUCHTEN!

Tor zum Canyon ist **Castellane.** Von hier aus führt die Route de la Lavande (D 952) bis zur Sonnenbrücke (Pont de

Im Canyon du Verdon hat sich der Fluss tief in den weichen Kalkfelsen eingegraben

Château de Trigance

Das Château de Trigance, eine Burg aus dem 9. Jahrhundert ist heute eine allererste Feinschmeckeradresse, in der regionale Spezialitäten auf den Tisch kommen. Mittelalter pur: Das rustikale – und überhaupt nicht steife – Restaurant befindet sich im alten Waffensaal mit stimmungsvollem Gewölbe. Von der Terrasse hat man einen Traumblick über das Hochland. Zehn Hotelzimmer. Château de Trigance, 83840 Trigance, Tel. 04 94 76 91 18. Tägl. 12-14 u. 19.30-21 Uhr.

Soleils), an der sich die Straße gabelt. Jetzt gilt es, sich zu entscheiden: Beginnen Sie die Rundfahrt am linken Ufer (rive gauche) oder folgen Sie der Straße und fahren am rechten Ufer (rive droite) weiter. Tipp: Wer Höhenangst hat, sollte besser weiter geradeaus (gegen den Uhrzeigersinn) fahren, denn dann umkreist man den Canyon auf der rechten (der Schlucht abgewandten) Fahrbahn. Und noch ein Tipp: Verlieren Sie nicht die Geduld, selbst wenn sich vor Ihnen eine ganze Kolonne von Wohnmobilen im Scheckentempo über den Asphalt schiebt. Genießen Sie die Landschaft, stoppen Sie ab und zu an einem der vielen Aussichtspunkte und genießen Sie den herrlichen Blick. Lassen Sie sich bloß nicht zu waghalsigen Überholmanövern verleiten – das könnte hier, wo die Straßen stellenweise nicht mal mit Leitplanken abgesichert sind, böse Folgen haben. Wer keine Höhenangst hat, folgt der D 955 nach Süden und biegt hinter Soleils über eine kleine Brücke nach **Trigance** ein. Dessen Château (siehe Kasten) thront weithin sichtbar auf einem Hügel, an den sich das kleine Dorf schmiegt. Durch eine sanfte Landschaft mit Weiden und schattigen Wäldern führen D 90 und D 71 durch das Hochplateau (wo auch schon mal Ziegen oder Schafe über die Straße trotten) zum Canyon. Dann findet man sich hoch über der Schlucht wieder. Die ersten Einblicke gewähren die Balcons de la Mescla: Unten, in einer 250 Meter tiefen Schlucht, windet sich der Verdon um einen Felskamm. Bei Hochwasser sieht man gut, wie sich das jadegrüne Wasser des Artuby mit dem des Verdon vermischt (Mescla = Mischung). Nicht enttäuscht sein, wenn Sie ausgerechnet bei Ihrem Besuch nur ein schattiges, farbloses Flüsschen sehen – im Verlauf der Tour warten noch zahlreiche, hinreißende Fotomotive. Die Straße schlängelt sich weiter bis zur Artuby-Brücke, einer gewagten Stahlbeton-Konstruktion, die sich in 182 Metern Höhe über den engen Canyon spannt und ein beliebter Treff der Bungee-Jumper ist. Durch die Tunnels de Fayet erreichen Sie die Falaises des Cavaliers, die Klippen der Reiter. Der Name erinnert an berittene Hirten, die früher die Herden der Hochflächen bewachten. Einer Legende zufolge soll einer dieser Cavaliers den Canyon an seiner engsten Stelle übersprungen haben. Auf der Aussichtsplattform in der Nähe des Gasthofes wird man sehen, dass der tollkühne Kerl einen mächtigen Satz gemacht haben muss. Tipp: Wer Muße hat, bleibt eine Nacht im **Hotel du Grand Canyon du Verdon** und verbindet dies mit einer Wanderung zur Talsohle bis zum Imbut-Trichter. Der Weg ist ausgeschildert.

EMPFOHLEN VON Familie&Co Die Familienzeitschrift

BOOTSFAHRT DURCH DEN CANYON

Die Corniche Sublime bleibt während der nächsten zehn Kilometer ganz eng am Canyon, dann passiert die Straße den Cirque de Vaumale und den 935 Meter hohen Aussichtspunkt Col d'Illoire, bis Aiguines in Sicht kommt. Blickfang des Ortes ist ein Schloss aus dem 17. Jahrhundert mit vier Zinnentürmchen und glasierten Ziegeln. Von hier aus sind es

Forelle am Dorfbach

Moustiers-Sainte-Marie ist eine Feinschmecker-Hochburg: Mit der »Bastide de Moustiers« besitzt der Ort eines der besten Restaurants weit und breit (Quartier St-Michel, Tel. 04 92 70 47 47). Ein Klassiker ist das »Les Santons« (Place de l'Eglise, Tel. 04 92 74 66 48, Mo geschl.). Unkompliziert und familiär geht es dagegen im »Bellevue« zu, dessen wunderbare Terrasse direkt am plätschernden Bach liegt. Tipp: Forelle. (Tel. 04 92 74 66 06)

nur noch wenige Minuten bis zum türkisen Lac de Ste-Croix, einem 2.500 Hektar großen Stausee. Der Knaller: Vom See aus kann man mit dem Mietboot direkt in den Canyon fahren. Am besten, Sie stellen den Wagen auf dem Parkplatz unterhalb des Campingplatzes »Le Galetas« ab. Von hier aus sehen Sie bereits die Boots-Armada am Ufer: Kajaks, Kanadier, Elektrobötchen und – der Hit für Kinder – Tretboote mit bunten Rutschen. Wer sich ein Kanu mietet, erhält wasserdichte Kanister, in denen man (Bade-)Klamotten, Fotoapparat, Verpflegung usw. bedenkenlos verstauen und mitnehmen kann. Zuerst paddeln Sie unter der Galetas-Brücke hindurch. Achtung: Hier stehen nicht umsonst Warnschilder, die (auch auf Deutsch) darauf hinweisen, dass der Wasserstand des Verdon sehr schnell ansteigen kann – man sollte also wachsam sein.

Hinter der Brücke beginnt eine andere, gespenstisch schöne Welt mit bizarren Felswänden, die (mit Höhlen gespickt) Hunderte von Metern in den blauen Himmel ragen, und dem smaragdgrünen Wasser des Verdon, auf dem das Kanu zu schweben scheint. Die Spazierfahrt endet nach etwa vier Kilometern an sprudelnden Stromschnellen. Jetzt noch ein Bad im kalten, aber herrlich erfrischenden Wasser des Verdon und dann wieder zurück. Für Hin- und Rückfahrt sollte man knapp zwei Stunden einplanen. Wer früh lospaddelt, hat die stille Canyon-Kulisse fast für sich allein. Erst gegen 11 Uhr kommen die lärmenden Massen. Doch dann sollten Sie schon auf dem Weg zum Mittagessen in **Moustiers-Sainte-Marie** sein (siehe Kasten links oben).

EIN SILBERSTERN ZWISCHEN DEN FELSEN

Moustiers Häuser kleben am Fuß einer gewaltigen Felswand. Zwischen zwei Vorsprüngen befindet sich die Wallfahrtskapelle Notre-Dame-de-Beauvoir aus dem 12. Jahrhundert. Eine steile Treppe führt hinauf. Aber der Weg lohnt sich, denn vom Gotteshaus hat man einen herrlichen Blick über das Plateau von Valensole. Noch eine Etage höher entdecken die erstaunten Besucher eine 227 Meter lange Kette, die zwischen den Felsspitzen hängt. An ihr glitzert ein silberner Stern. Der Legende nach soll ein provenzalischer Kreuzritter die Kette gespannt haben – aus Dankbarkeit für die Errettung aus sarazenischer Gefangenschaft während des siebten Kreuz-

Im Land der Mini-Dinos

Südöstlich des Canyons erstreckt sich das 35.000 Hektar große Militärgebiet von Canjuers, eine bedeutende paläontologische Stätte mit dem kleinsten Dinosaurier der Welt. Dino-Fans wissen, dass er Compsognathus heißt, nur 60 Zentimeter lang war und vor rund 135 Millionen Jahren lebte. Außerdem wurden hier die Überreste von Riesenkrokodilen, Schildkröten und Muscheltieren gefunden. Das Gebiet darf nur mit Führungen betreten werden.

Wie viele andere Kinder bessern auch diese beiden Mädchen ihr Taschengeld mit dem Verkauf von Lavendelsträußchen auf

zuges (1249). Es gibt noch eine Menge anderer Legenden über die Kette - suchen Sie sich einfach die aus, die Ihnen am besten gefällt. Vor dieser prächtigen Kulisse entwickelten die Fayence-Maler ihr Handwerk zur Perfektion. Seit dem 17. Jahrhundert belieferten sie Adelshöfe in ganz Europa mit Meisterwerken der Porzellan-Malerei - und machten die Stadt berühmt. Tipp: Wunderschöne, historische Stücke sind im kleinen **Fayence-Museum** zu sehen. Außerdem gibt es in Moustiers viele Läden, in denen man herrliche Fayencen kaufen kann. Meiden Sie die Souvenirbuden, die meist nur billigen Ramsch anbieten.

Wandern im Canyon

Berühmtester Wanderweg durch den Canyon ist der Sentier Martel (14 km). Für die gesamte Strecke, die von La Maline bis zum Couloir Samson am Point Sublime führt, sollte man ungefähr acht Stunden einplanen - und eine entsprechende Ausrüstung mitnehmen (Wanderschuhe, Pullover, Regenschutz, Taschenlampe und Proviant). Der Weg ist sehr anspruchsvoll (stockfinstere Tunnel, Höhlen, glitschige Metalltreppen). Mit kleineren Kindern sollten Sie sich daher auf die Anfangs- bzw. Endstrecken des Wanderwegs beschränken - sie bieten bereits zauberhafte Einblicke in den Canyon.

SCHWINDEL ERREGENDE AUSSICHTEN

Canyon du Verdon, zweite Etappe: Die D 952 (Ri. Castellane) erschließt das Nordufer. Nach etwaa einer halben Stunde erreicht man auf 930 Meter Höhe La Palud-sur-Verdon. Das Dorf ist Basislager für Biker, Hiker, Freeclimber und Kajakfahrer (die den Canyon alljährlich am ersten Juli-Sonntag durchqueren).

Ein unvergessliches Erlebnis:
Bootsfahrt im Canyon

Von La Palud aus zweigt die 23 Kilometer lange Route des Crêtes ab, die ganz nah am Canyon in einer weiten Schleife wieder auf die D 952 zurückführt. Die nervenanspannende Kammstraße bietet schwindelerregende Aussichten in die Schlucht, und bei klarem Wetter kann man sogar bis zum Meer gucken. Auf halbem Weg befindet sich das Chalet de la Maline. Die Schutzhütte des französischen Alpenvereins ist Ausgangspunkt des Sentier Martel, der bis zum Point Sublime (siehe Kasten Seite 61) führt.

BLICK INS SCHWARZE LOCH

Tipp: Sparen Sie sich die Route des Crêtes, denn sie würde das Tagesprogramm sprengen. Fahren Sie besser ohne Umweg zum Point Sublime, dem bekanntesten und großartigsten Aussichtspunkt des Canyons. Von der 200 Meter hohen Aussichtsplattform eröffnen sich fesselnde Blicke in den Eingang des Canyons. Ganz unten, am Couloir Samson, sieht man kleine Farbflecken - erschöpfte Wanderer, die im Wasser planschen. Nichts wie hin! Hinter dem Point Sublime biegt eine Straße rechts zum Couloir Samson ab. Hier beginnt bzw. endet der Sentier Martel. Bereits der Auftakt, ein 600 Meter langer Tunnel, ist spektakulär. Man sieht nicht viel mehr als ein schwarzes Loch. Davor sitzt ein Mann und verkauft Taschenlampen, denn im Tunnel ist es stockfinster. Einmal kurz in den Tunnel gucken, die Füße ins kalte Wasser halten und dann wieder ins Auto. Nach etwa fünf Kilometern erreichen Sie wieder den Pont de Soleils. Jetzt entweder zurück nach Castellane oder zum Ritteressen ins Château de Trigance (siehe Kasten Seite 59).

Hôtel du Grand Canyon du Verdon, Falaise de Cavaliers, an der D 71, Tel. 04 94 76 91 31.
Verdon Canoe, Plage du Galetas, 83630 Aiguines, 1. April-30. Sep, tägl. 9-19 Uhr. Kajak/Kanu (für 1-4 Pers.) FF 30-60 pro Stunde.

Musée de la Fayence (Fayencen-Museum), Place du Presbytère, 04360 Moustiers-Ste-Marie, Tel. 04 92 74 61 64, April-Okt tägl. außer Di 9-12 und 14-18 Uhr. Eintritt: Erw. FF 10, Kinder frei.

Unterwegs bieten sich immer wieder fesselnde Einblicke in den Canyon

Tour 5: Piratentour zu den Goldenen Insel

Ile de Porquerolles

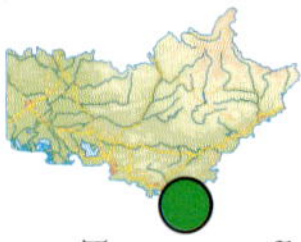

Wo: südlich von Hyères - Wie: mit dem Fahrrad, zu Fuß, mit dem Schiff - Dauer: Halbtages- oder Tagesausflug - Nicht vergessen: bequeme Schuhe, Rucksack, Badesachen, Taucherbrille

Die **Ile de Porquerolles,** auf der Höhe von Korsika gelegen, ist ein karibischer Traum im Mittelmeer. Hier, wo die Pinienwälder bis an den goldgelben Strand reichen, kommt man sich tatsächlich vor wie in einer anderen, idyllischen Welt. Entsprechend fröhlich und ausgelassen ist die Stimmung auf Frankreichs schönster Mini-Insel. Alle sind gut drauf, die Heiterkeit des intakten Naturparadieses wirkt geradezu ansteckend - im Nu ist jeder Besucher mit dem Gute-Laune-Virus infiziert. Tipp: Wer es einrichten kann, sollte möglichst nicht am Wochenende fahren! Denn unter der Woche hat man das Paradies fast für sich allein.

Le Mas du Langoustier

Das Mas du Langoustier, das sich zwischen Pinien und Eukalyptus-Bäumen versteckt, ist eines der schönsten Hotel-Restaurants Südfrankreichs. Die Küche ist mit Abstand die beste (und teuerste) der Insel. Im »L'Olivier« komponiert Joel Guillet leichte Gerichte voller provenzalischer Düfte. Ideal für den Mittagslunch ist das »La Pinède« mit Gartenterrasse. Le Mas du Langoustier, 83400 Ile de Porquerolles, Tel. 04 94 58 30 09. 9. Okt-30. April geschl. 50 Zimmer.

EINE INSEL ZUR HOCHZEIT!

Die Geschichte der Ile de Porquerolles ist eng verknüpft mit François Joseph Fournier. Der belgische Unternehmer hatte in Mexiko mit Gold- und Silberminen ein Vermögen gemacht und suchte nun ein schönes Fleckchen Erde, wo er sich mit Gattin Sylvia niederlassen konnte. Auf Hochzeitsreise an der Côte d'Azur entdeckte er eine Zeitungsannonce, in der die Ile de Porquerolles zum Kauf angeboten wurde. Fournier blätterte eine Million Franc auf den Tisch - und legte das Eiland seiner Braut Sylvia am 22. Februar 1912 als Hochzeitsgeschenk zu Füßen. Die Fourniers verwandelten die Insel in ein privates Königreich, kultivierten 200 Hektar (davon 180 für den Weinanbau), pflanzten Tausende junger Bäume, importierten Zitronen, Orangen, Mandarinen und Pampelmusen und bauten Herrenhäuser und Hotels. 1937 stirbt der Patriarch. Er hinterlässt eine Frau, fünf Töchter - und die Insel, um die ein heftiger Erbstreit entbrennt. Im Zweiten Weltkrieg wird Porquerolles dann von den Deutschen besetzt. Der feuerrote Riesen-Jeep, der früher die Besatzer übers Eiland trug und heute Gäste des Mas de Langoustier (siehe Kasten) zum Hafen kutschiert, ist ein Relikt dieser Zeit.

GESCHÜTZTES PARADIES

Vom Massentourismus, der nach dem Krieg auch in Südfrankreich einsetzte, blieb das Eiland verschont. Als ein Reiseveranstalter die Insel in ein Feriendorf verwandeln wollte, griff der Staat 1971 ein und kaufte den Großteil der 1.254 Hektar großen Insel, die seither unter dem Schutz des Nationalparks Port-Gros steht.

Ile de Porquerolles:
baden wie in der Karibik

Die vier Königstöchter

Um die Entstehung der Iles d'Or, der Goldenen Inseln, rankt sich eine schöne Legende. Sie erzählt von König Olbianus und seinen vier Töchtern. Die Prinzessinnen waren bildhübsch und furchtlos. Allzu gerne schwammen sie ins Meer hinaus. Eines Tages wurden sie auf hoher See von Piraten entdeckt. Eine wilde Jagd begann. Und die Piraten drohten die Prinzessinnen einzuholen. So schalteten sich die Götter ein und verwandelten die Königstöchter in die Goldenen Inseln.

NATÜRLICHER SPIELPLATZ

Das Eiland, auf dem es nur ein paar Restaurants und eine Handvoll kleiner Hotels gibt, ist autofrei. Nur ab und zu kreuzen die klapprigen Renaults der Bewohner den Weg. Wer also einmal richtig auftanken und seinen Kindern ganz nebenbei zeigen möchte, dass es eine Welt jenseits von Tele-Tubbies und Gameboys gibt, der ist auf der Ile de Porquerolles bestens aufgehoben. Für Kinder ist die zwei Kilometer schmale und 7,5 Kilometer lange Ile de Porquerolles ein riesengroßer, natürlicher Spielplatz, auf dem es unglaublich viel zu entdecken gibt.

Der Weg ins Inselparadies führt über Hyères und die Halbinsel von Giens, die an zwei schmalen Landstreifen klebt. Wenn Sie über die D 97 Richtung Süden düsen, sehen Sie rechts den Etang des Pesquiers, einen 500 Hektar großen Salzwassersee, der durch einen befahrbaren Deich (Route du Sel) vom Meer getrennt ist. Die Salinen, die schon vor 500 Jahren von Jesuiten angelegt wurden, produzieren jährlich 25.000 Tonnen Salz. Mit etwas Glück sieht man hier Flamingos und andere Wasservögel. Links liegen lange Sandstrände und eines der besten Surfreviere der französischen Mittelmeerküste (siehe Seite 28). Die Straße führt bis zum Fort de la Tour Fondue, wo sich die Anlegestellen der Inselfähren befinden. Den Wagen können Sie auf einem der gebührenpflichtigen und bewachten Parkplätze lassen.

FÄHRE ENTERN UND »LEINEN LOS«

Früher wohnten Piraten auf der Insel. Treten Sie also in die Fußstapfen der Kosaren und erobern Sie die Ile de Porquerolles. Nicht verzagen, wenn Sie dabei reichlich (französische) Touristen im Gefolge haben – auf der Insel verlieren sie sich wieder. Zunächst gilt es, die Fähre zu entern, die mehrmals täglich von Giens zur Insel übersetzt. Wer schnell ist, kapert einen der begehrten Plätze auf dem Sonnendeck. Nach einer Weile heißt es »Leinen los«, und dann beginnt die eigentliche Inseltour. Eine frische Salzbrise auf der Haut sowie schöne Ausblicke auf das funkelnde Meer und die im Morgendunst schimmernden Goldenen Inseln, die Iles d'Or (siehe Kasten links), sind die ersten Eindrücke der Fahrt. Das Boot passiert die Ile du Grand-Ribaud, die lediglich aus einem Felsen mit Leuchtturm besteht, und nähert sich der Ile de Porquerolles. Vorbei an idyllischen Badebuchten, vor denen schneeweiße Segeljachten ankern, erreichen Sie das Inseldorf. Eukalyptusbäume, Mimosen und Bougainvilleas über ockerfarbenen Hausfassaden geben dem Village sein unverwechselbares Gesicht. Im Hafen dümpeln Jollen und Jachten – Freizeitkapitäne aufgepasst: **Locamarine 75** vermietet Motorboote, für die man keinen Führerschein braucht. Am Hafen befindet sich auch ein kleines Info-Zentrum. Hier sollten Sie sich eine Karte der Insel besorgen.

EIN INSELPARADIES

Die Insel bietet für jeden das Passende: Die Südküste ist wild und zerklüftet. Hier

Inselfähren und Glasbodenboote

Zu allen Inseln besteht ein regelmäßiger Fährverkehr, neben La Tour Fondue erreicht man die Inseln vor Toulon, Hyères-Plage, Le Lanvadou und Cavalaire. Fährgesellschaften: Tour Fondue (Tel. 04 94 58 21 81 und Tel. 04 94 58 95 14), Le Lavandou (Tel. 04 94 71 01 02), Toulon (Tel. 04 94 46 24 65 und Tel. 04 94 92 96 82). Eilige befördert das Bootstaxi »Boat Pélican« (Tel. 04 94 58 31 19). Von Tour Fondue starten auch knallgelbe Glasbodenboote, »Visions des mers«, Tel. 04 94 58 95 14. Erw. FF 98, Kinder FF 64.

schlängelt sich ein interessanter Wanderweg von der Calanque des Salins über das Cap d'Arme bis zur Langoustier-Halbinsel. Der teils recht hügelige Pfad führt durch dichte Sträucher, vorbei an Steilufern und versteckten Badebuchten – und gewährt immer wieder grandiose Aussichten auf die Insel und das Meer. Die flachere, für Radler leichter zu befahrende Nordküste lockt mit sanft geschwungenen Badebuchten und seichtem, türkisem Wasser. Das Innere der Insel ist dank zahlreicher Quellen ein grüner Garten Eden mit Oliven- und Pinienhainen, Schirmkiefern und Eukalyptusbäumen. Über allem liegt der Duft von Heidekraut, Lavendel, Thymian, Myrte und Rosmarin. Das Meer rauscht, Zikaden zirpen und Fasane fliegen auf.

Mit dem Fahrrad lässt sich die Porquerolles locker an einem Tag erkunden. Gut markierte Radwege leiten zu allen Ecken der Insel – am schönsten sind die verwunschenen Seitentrails, die über Stock und Stein führen. Mountainbikes – Hauptverkehrsmittel der Insel – bekommt man an einer der vielen Verleihstationen im Dorf. Die Vermieter sind bestens auf den Touristenansturm eingestellt. Selbst in Stoßzeiten herrscht an Drahteseln kein Mangel. Die Leihräder sind in der Regel gut in Schuss. Flickzeug, Luftpumpe und Schloss werden gestellt. Auf Wunsch gibt es auch Damenräder, Kindersitze und überdachte Anhänger für die jüngsten Besucher.

Bestens ausgerüstet, geht's auf zur Fahrradtour über die Insel

Windumtoste Klippen an der Langoustier-Halbinsel

MIT DEM DRAHTESEL ZUM STRAND

Eine Radtour über die Insel beginnt mit einer Ehrenrunde um den Dorfplatz Place des Armes. Man sieht dem staubigen, von Eukalyptusbäumen umstandenen Rechteck an, dass er früher als Exerzierplatz gedient hat. Heute reihen sich hier Souvenirläden, Obststände, Cafés und Restaurants aneinander. Abends wird Boule gespielt, ab und an gibt es auch Konzerte und andere Veranstaltungen. An die kriegerische Vergangenheit erinnert das 1531 errichtete **Fort Ste Agathe** mit Ausstellungen zur Unterwasser-Archäologie. Dann der erste Härtetest für die Räder: Es geht einmal quer durch die Porquerolles-Ebene, zum alten Leuchtturm am Cap d'Armes, dem südlichsten und höchsten Punkt der Insel. Als nächstes Etappenziel bietet sich das **Hameau** an, eine Versuchsstation des forstwissenschaftlichen Instituts »Conservatoire de Botanique national«, das auf der Insel Tausende seltener Mittelmeerpflanzen pflegt – darunter Mandel,- Maulbeer-, Öl-, Aprikosen-, Feigen- und Pfirsichbäume. Besonders schön ist der Oleandergarten. Weinreben wachsen in der Ebene von Bréganconnet (siehe Kasten Seite 20). Wer sie Richtung Westen durchradelt, gelangt zur Langoustier-Halbinsel am westlichen Zipfel des Eilandes. Hier laden goldene, weiße und schwarze Sandstrände zum Baden ein. Also erst mal rein ins Wasser und erfrischen. Wer Lust hat, kann hier auch Surfen und Bötchen fahren. In jedem Fall lohnt es sich, zur alten Langoustier-Festung zu spazieren. Sie liegt auf rauhen, windumtosten Klippen, die von der Brandung poliert werden. Von hier aus hat man den schönsten Panoramablick der Insel.

MITTAGSPAUSE AM STRAND

Langsam dürfte es in der Magengegend rumoren. Sie haben jetzt zwei Möglichkeiten. Nahe liegend und exquisit (aber nicht billig) ist Lunch im Mas du Langoustier (siehe Kasten Seite 64). Eine günstige und familienfreundliche Alter-

Iles d'Hyères

Zu den Iles d'Hyères gehören neben der Ile de Porquerolles und der Ile de Port-Cros noch die Ile du Levant und die winzige Ile de Bagaud (Vogelschutzgebiet). Die vier Inseln, die eine Fortsetzung des Mauren-Massives sind, werden wegen ihrer im Sonnenlicht schimmernden Felsen auch Iles d'Or (Goldene Inseln) genannt. Nur die Ile de Porquerolles ist dauerhaft bewohnt (ca. 30 Einw.). Die Ile du Levant ist zu 90 Prozent gesperrtes Militärgebiet. Der Rest wird im Sommer von Nudisten bevölkert.

native ist das Strandrestaurant an der belebten Plage d'Argent. Nach dem Essen möchte man verweilen, aber Sie sollten sich aufraffen und zu den Stränden des Nordostens weiterradeln, zur Plage de la Courtade oder zur Plage du Notre Dame – der für viele der schönste Strand Südfrankreichs ist (siehe Seite 29). Süßes Nichtstun ist hier angesagt. Und man wird überhaupt keine Lust

Der Fahrradverleih am Hafen lässt keine Wünsche offen

haben, die Insel zu verlassen – Sie sind jetzt von der »Porquerollitis« befallen, dem Inselvirus, der alle Sorgen des grauen Alltags im Nu verschwinden lässt.

TAUCHMEKKA PORT-CROS

Wer immer noch nicht genug Natur abbekommen hat, schippert mit der Fähre nach Port-Cros. Die hügelige Nachbarinsel, auf der nur wenige Menschen dauerhaft wohnen, steht seit 1963 als Nationalpark unter Naturschutz. An der Küste schlängelt sich ein Pflanzenlehrpfad entlang, eine andere Strecke führt zu den alten Bastionen, z.B. zum Fort Moulin aus dem 17. Jahrhundert. Absoluter Hit ist der mit Bojen markierte **Unterwasserlehrpfad** am Felsen von Rascas (halbe Stunde Wanderung vom Hafen). Eine 600 Meter lange, geführte Tour (30-45 Min.) führt hier mit Flossen und Schnorchel immer an der Wasseroberfläche durch die artenreiche Unterwasserwelt, die unter besonderem Naturschutz steht. Da Angeln und Harpunen in den Küstengewässern strikt verboten sind, sind die Meeresbewohner absolut zutraulich – wenn man sie nicht ärgert. Tipp: Im Besucherzentrum von Port-Cros gibt es einen »Aqua-Guide«. Er besteht aus einzelnen Plastikseiten, die man zur besseren Identifikation der Meeresfauna und -flora mit ins Wasser nehmen kann.

i **Bureau d'Informations (Info-Center),** direkt am Hafen, 83400 Ile de Porquerolles, Tel. 04 94 58 33 76.
Locamarine 75 (Bootsverleih), direkt am Hafen, Tel. 04 94 58 35 84.
Fort Ste Agathe, Tel. 04 94 12 30 40, 2.Mai-30.Sep tägl. 10-12 und 14.30-17.30 Uhr. Eintritt frei.
Le Hameau, 2. Mai-30. Sep tägl. 9.30-12.30 u. 13.30-17 Uhr. Eintritt frei. Reservierung geführter Touren unter Tel. 04 12 30 40.
Unterwasserlehrpfad Port-Cros, geführte Touren von Juni bis Sep, Tel. 04 94 05 90 17. Kosten FF 120 pro Pers.

Tour 6: Bardot & Co

Hyères • Ramatuelle • St-Tropez • Grimaud

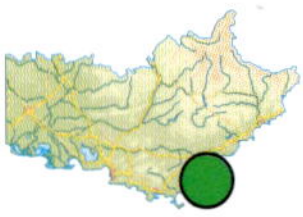

Wo: im Westen der Côte d'Azur - Wie: zu Fuß und mit dem Auto - Dauer: Tagesausflug - Nicht vergessen: bequeme Schuhe, Badesachen

Von Hyères, dem ältesten Seebad der Küste, führt die Fahrt zu malerischen Gebirgsdörfern und ins Massif des Maures, in die bewaldeten Berge des Hinterlands. Doch zuvor wird ein Blick auf St-Tropez mit Jet-Set und Shoppingmeilen geworfen. Highlight des Tages ist ein Segeltörn auf einem nostalgischen Boot. Davon sind auch die Kids begeistert!

BLÜTENPRACHT AN DER BLAUEN KÜSTE

1887 brach der Winzer Stephen Liégeard aus dem grauen Dijon zum Urlaub in Südfrankreich auf. Der Mann war begeistert und verherrlichte seine Eindrücke in dem Buch »La Côte d'Azur!«. Der griffige Titel wurde zum wohl erfolgreichsten Tourismusslogan der Welt - und **Hyères** zur westlichsten Grenzmarke der Côte d'Azur. Das älteste Seebad brauchte solche Werbung eigentlich nicht. Schon Mitte des 18. Jahrhunderts sonnten sich hier englische Offiziere. Ein paar Jahrzehnte später wurde Hyères als Urlaubsort entdeckt. So mondän wie die Badeorte der östlichen Küste wurde Hyéres allerdings nie. Die Stadt ist angenehm normal. Ihre Bürger leben von Landwirtschaft und Gartenbau. Obst, Gemüse und vor allem Blumen werden rund um Hyères angebaut. Und Palmen! In der Stadt selbst wurden über zehntausend Stück gepflanzt. Einen guten Eindruck von der mediterranen Flora bekommen Sie im Jardin A. Denis (Parkplatz). Von hier aus ist es nicht weit zum Stadttor, das in die hügelige Altstadt hochführt. Hier treffen Sie auf wackelige Häuser, verwinkelte Gassen, kleine Läden und Menschen, die sich noch etwas zu sagen haben. Der Bauch von Hyères ist die abschüssige Place Massillon, wo man sich im Schatten des Tempelritter-Turms St-Blaise zum Schwatz auf dem täglichen Markt oder zum Pastis im Café trifft. Wer sich noch einen Überblick verschaffen möchte, spaziert über die Rue Ste-Cathérine bis zur Aussichtsterrasse an der Place St-Paul. Von hier aus hat man einen weiten Blick über die Dächer der Stadt, die Salinen, die Iles d'Hyères und das Massif des Maures. Noch eine Etage höher liegt der romantische Parc St-Bernard mit mediterraner Flora und mittelalterlicher Burgruine.

Klatschnasse Niagara-Safari

»Niagara« - der Name ist Programm, denn Wasser gibt es in diesem schonend in die Landschaft integrierten Vergnügungspark in Hülle und Fülle. Sieben riesige Wasserrutschen, Kalifornischer Pool, Whirlpools, Türkisches Bad, Wassertreppen und Kletterwände sorgen dafür, dass keine Langeweile aufkommt. Niagara, Route du Canadel, 83310 La Mole, Tel. 04 94 55 70 80. 4. Juni-4. Sep tägl. 10.30-19 Uhr. Eintritt: Erw. FF 82, Kinder (ab 5 J. bzw. 1,10 m) FF 66.

WER FINDET DEN KERKER?

Die Corniche des Maures (D 559) führt Sie von Hyères in Richtung Westen. Erster Ort am Wegesrand ist Bormes-les-Mimosas. Das Bergdörfchen mit dem schönen Namen versinkt winters im gel-

Dieses Tor führt in die Altstadt von Hyères

Verwunschenes Mas in der Nähe von Ramatuelle

ben Mimosenrausch und sommers in Touristenmassen. Le Lavandou, ein klassischer französischer Familienbadeort, ist nicht unbedingt schön, versprüht aber eine satte Portion Lebenslust, die man vor allem an der charmanten Promenade und am Strand spürt. Über das sehr viel ruhigere St-Clair (mit einem kilometerlangen botanischen Lehrpfad), geht es vorbei am schönen Sandstrand von Cavalière und dem botanischen Garten von Le Rayol (siehe Seite 147) bis nach Cavalaire-sur-Mer und La Croix Valmer. Der Luftkurort ist in sattgrüne Weinfelder eingebettet. Hier befindet sich auch der Gigaro-Strand, von dem man bis nach St-Tropez wandern kann (4-5 Std.).

Couscous & Bouillabaisse

St-Tropez bietet eine Fülle netter Restaurants. Ein authentischer Treffpunkt der Tropéziens ist »Le Café«, direkt an der Place des Lices (Tel. 04 94 97 44 69). Als exotische Alternative empfiehlt sich das »L'Ile aux Nattes«, wo Küchenchef Manu Couscous und Köstlichkeiten aus 1001 Nacht auftischt (Rue du petit St Jean 3, Tel. 04 94 97 44 01). Als Strandrestaurant bietet sich das »La Bouillabaisse« an (Plage de la Bouillabaisse, Tel. 04 94 97 54 00).

B.B. IM BERGDORF

Autofahrer schlängeln sich über Serpentinen mit wunderbaren Ausblicken bis nach **Ramatuelle.** Das malerische Gebirgsdorf ist trotz des Touristenansturms noch sehr ursprünglich. Die Einwohner spannen die Wäscheleinen zwischen uralten Häuschen, halten ein Schwätzchen im Kramladen, spielen Boule, tolerieren die Touristen ebenso wie die komischen Esoterik-Shops, die sich hier in den letzten Jahren ausgebreitet haben. Gérard Philipe, der durch Filmrollen wie »Fanfan der Husar« bekannt wurde, starb 1959 in Ramatuelle. Sein efeuumranktes Grab ist die Zierde des örtlichen Friedhofes.

Vom Aussichtspunkt am Boulevard du 8 Mai (Parkplatz) hat man einen schönen Blick auf die umliegenden Weinfelder, den Leuchtturm von Camarat und die Pampelonne-Bucht. Meeting Point ist die Place de l'Ormeau. Donnerstags und sonntags trifft sich hier halb Ramatuelle zum morgendlichen Markt. Es kann gut sein, dass Sie dabei Brigitte Bardot begegnen, die in Ramatuelle lebt. Am Platz befindet sich auch das Touristenbüro. Sehen Sie die Sonnenuhr an der Fassade? Wer als Erster erkennt, wie spät es ist, hat sich eine Gratis-Orangina im schattigen Café de l'Ormeau verdient. Nach einer kurzen Visite in der Kirche Notre Dame (wo Gedenktafeln an Schiffbrüche vor dem Cap Camarat erinnern) geht es durch den Stadtwall in die Altstadt. Als Erstes trifft man dort auf eine Bäckerei, die unglaublich leckere Croissants herstellt. Die verwinkelten Gassen eignen sich prima zum Versteckspiel. Wer findet als Erster das Sarazenentor und die beiden unter Napoléon III. errichteten Kerker, die aussehen wie arabische Hammams?

FRISCHE BRISE IN ST-TROPEZ

Auf dem Küstenhighway (D 93) geht es, vorbei an den berühmten Stränden der Pampelonne-Bucht (siehe Seite 32), nach **St-Tropez.** Schon in der Belle Époque zog der damals noch beschauliche Fischerort berühmte Gäste an. Liszt und Maupassant gaben sich die Ehre. St-Tropez wurde zum Künstlerdorf – und blieb es bis 1956. Da drehte Roger Vadim hier den Film »Et Dieu créa la femme« (dt. »Und immer lockt das Weib«). In der Hauptrolle war ein junges Mädchen zu sehen. Sie hatte lange, blonde Haare und einen süßen Schmollmund. Die damals völlig unbekannte Brigitte Bardot eroberte die Herzen der Zuschauer im Sturm. Vadims Film machte »B.B.« zum Star und den Ort zur Kultstätte. St-Tropez stand für Freizügigkeit, Frivolität, Toleranz und Lebensfreude – »Oben-ohne-Baden« wurde an den Stränden von St-Tropez erfunden. Das Paradies der Maler verwandelte sich

Kitschiges Geklecksе gehört zu St-Tropez wie die mondänen Jachten im Hafen

in die Hauptstadt des Jetset. Storys über die wilden Partys der Popstars und Playboys füllten die Gazetten der Welt. In den Achtzigerjahren wurde es stiller. Die Promis verließen den Ort. Heute ist St-Tropez auch bei den Reichen und Berühmten wieder »mega-in«. So schrill und exzentrisch wie früher ist es allerdings nicht mehr. Die Promis verstecken sich hinter den hohen Mauern ihrer Villen oder lassen sich auf luxuriösen Jachten übers Meer tragen. Natürlich gehören auch die Maler zum Bild. Am Kai beklecksen sie die Leinwand mit sonnigen Motiven. Vis-à-vis hängt echte Kunst – das **Musée de l'Annonciade** zeigt Werke von Matisse, Bonnard und Signac im schönen Ambiente einer ehemaligen Kapelle.

SCHÖNSTES »DORF« DER KÜSTE

Es ist vielleicht eine Floskel: Aber St-Tropez hat trotz des gewaltigen Touristenansturms seine Identität bewahrt. Das schönste »Dorf« der Côte d'Azur hat sich mit dem Fremdenverkehr arrangiert – und zeigt ihm deutlich seine Grenzen auf. Hässliche Hotelklötze wird man im Ort vergeblich suchen. Alles ist klein, fein und überschaubar. Die knallbunte Kirche ist immer noch das höchste Gebäude des Ortes. Auf der Place des Lices schieben die Tropéziens im Schatten der Platanen nach wie vor eine ruhige Kugel. Der Fischmarkt und die Läden an der Place aux Herbes sind keine Erfindung für Touristen. Und bis auf die Hafengegend gibt es kaum Ramschläden. Stattdessen finden sich unzählige elegante Boutiquen, die dezent in die restaurierten Häuserzeilen eingefügt wurden. Bestes Beispiel ist die Rue Georges Clémenceau, wo Sie St-Tropez-Sandalen (im **Atelier Rondini**) und das beste Eis der Stadt bekommen.

Kleiner Seemann auf großer Tour

AUF ZUM SEGELTÖRN!

Shopping ist für Kinder langweilig. Wer lieber das Meer erobern möchte, heuert auf der »**Thule**« an, einem stolzen Segelboot aus dem Jahr 1936. Der holländische Eigner navigiert das Schiff mit den blank polierten Planken in der Saison zweimal pro Tag durch die Bucht von St-Tropez. Die See spielte für St-Tropez schon immer eine herausragende Rolle. Fragen Sie den Kapitän doch mal, wie das war, als die Tropéziens anno 1637 den Angriff der spanischen Armada abwehrten. Und ob aus der sechseckigen Zitadelle, die da hinten steht, wirklich Kanonenkugeln abgefeuert wurden. Und spätestens jetzt wird sich der Kapitän wieder aufs Segeln konzentrieren müssen. Nicht weit vom berühmten Café Sénéquier legt er an. Ein idealer Ort für die Wiedervereinigung von Shopping- und Schiffsgruppe – und sitzt am Nachbartisch nicht Rod Stewart? Ob der auch schon von den köstlichen Nougat-Sünden genascht hat, die man im Sénéquier mitnehmen kann?

Venedig in der Provence?

Als »Venedig der Provence« wird die Retortenstadt Port Grimaud vermarktet. Das ist maßlos übertrieben, aber Kanäle gibt es wirklich. Die Anlage, die als Paradebeispiel für »sanften Tourismus« gilt, ist vor allem auf Segler zugeschnitten, denn wo sonst kann man das Boot schon direkt vor der Tür parken. Schön: Port Grimaud ist autofrei. Und: Von hier aus werden auch Bootstouren durch den Golf von St-Tropez angeboten.

DIE BERGE RUFEN

Promis hin, Nougat her. Die Berge rufen, genauer: das Massif des Maures. Der Name hat übrigens nichts mit »Mauren« zu tun, sondern leitet sich vom provenzalischen »Maouro« ab, was so viel bedeutet wie »dunkler Wald«. Und davon gibt es auf der zerklüfteten Hügelkette, die sich auf 35 Kilometer Länge zwischen Hyères und Fréjus erstreckt, jede Menge. Trotz verheerender Waldbrände ist der Gebirgszug noch immer ziemlich grün. Im Innern gedeihen Edelkastanien und Korkeichen, an der Küste Pinien und Kiefern. Die Landschaft ist von stiller, rauer Schönheit – ein Paradies für Wanderer und Naturliebhaber. Vom Rummel der Küste blieben die Dörfer weitestgehend verschont.

Von St-Tropez kommend stoßen Sie zuerst auf das Bilderbuchdorf **Grimaud.** Der Ortsname erinnert an die Grimaldi-Grafen, die hier oben einst das Sagen hatten. Erst mal wird die Burgruine gestürmt, von der man einen wunderbaren Rundumblick hat – hinten das Maurenmassiv, vorne die Bucht von St-Tropez und unten die Gassen und Arkaden der mittelalterlichen Stadt. Der Dorfplatz lädt zu einer Partie Boule ein. Und im **Café Pâtissier du Château** sollte man unbedingt den köstlichsten Zitronenkuchen (Tarte aux citrons) der Küste eintüten. Der letzte Weg führt an einer romanischen Basilika zum Essen ins Coteau Fleuri (siehe Kasten links unten). Danach ist man gestärkt für die Rückfahrt. Am schnellsten geht's über die Autobahn – über La Garde-Freinet und Le Muy kommt man zurück zum Ausgangspunkt.

Beim Käse dahinschmelzen

Das »Coteau Fleuri« hat sicher den muffligsten Patron der gesamten Küste. Doch wer einen Tisch erobert, wird gänzlich entschädigt, denn die Küche bringt provenzalische Leckereien auf den Tisch. Und wer auf der schnuckeligen Restaurant-Terrasse einmal Dorade in Salzkruste geschlemmt und von der einzigartigen Käseplatte gekostet hat, schmilzt vor Begeisterung dahin. Coteau Fleuri, Place des Pénitents, 83360 Grimaud Village, Tel. 04 94 43 20 17.

Office du Tourisme, Place de l'Ormeau, 83350 Ramatuelle, Tel. 04 94 79 26 04.
Office du Tourisme, Quai Jean-Jaurès, 83990 St-Tropez, Tel. 04 94 97 45 21.
Musée de l'Annonciade, Place Georges Grammont, 83990 St-Tropez, Tel. 04 94 97 04 01. Okt-Mai tägl. außer Di 10-12 u. 14-18 Uhr, Juni-Sep tägl. außer Di 10-12 u. 15-19 Uhr. Eintritt: Erw. FF 30, Kinder FF 15.
Atelier Rondini, Rue Georges Clémenceau 16, 83990 St-Tropez, Tel. 04 94 97 19 55.
Thule (Bootstour), tägl. 14.30 u. 16.30 Uhr, Fahrzeit 1,5 Std., Reservierung: Tel. 06 09 50 60 72 und 06 10 57 14 44. Kosten: Erw. FF 80, Kinder bis 10 Jahre FF 40.
Pâtissier du Château, Bd des Aliziers, 83360 Grimaud, Tel. 04 94 43 21 16, Mi geschl.

Tour 7: Rote Felsen, berühmte Hände in Stein und ein Schloss am Meer

Fréjus • Cannes • Antibes

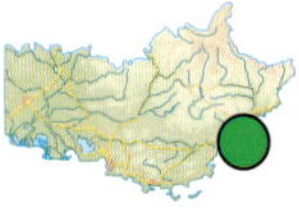

Wo: im Zentrum der Côte d'Azur - Wie: zu Fuß, mit dem Auto - Dauer: Tagesausflug - Nicht vergessen: bequeme Schuhe, Badesachen

Zu den Schönen und Reichen, nach Cannes und zum Cap d'Antibes führt diese Tour. Doch Filmfestspiele, Luxushotels und schnittige Jachten sind nur eine Seite dieses Abschnitts der Côte d'Azur. Typisch südfranzösisches Alltagsleben mit Boule, Pastis und Zeit für ein Schwätzchen findet man hier auch, und Freunde moderner Kunst freuen sich schon auf das Picasso-Museum in Antibes (siehe Kasten Seite 81).

VON GLADIATOREN UND PFIRSICHEN

Fréjus liegt im Flusstal des Argens, genau zwischen dem Massif des Maures im Westen und dem Massif de L'Estérel im Osten. Die Lage wurde dem Ort zum Verhängnis, als im Dezember 1959 der Staudamm von Malpasset brach - die Fluten töteten über 400 Menschen und verwüsteten Fréjus. Die wuchtigen Betonblöcke, die das Wasser damals mitriss, sind noch heute im ganzen Tal zu sehen. Allerdings sind es andere »Trümmer«, die Touristen aus aller Welt nach Fréjus ziehen. Weit über die Stadt verstreute Ruinen erinnern daran, dass Fré-

Der Kreuzgang im Domviertel von Fréjus

Die schroffen Porphyrfelsen an der Corniche de l'Esterel

jus zur Römerzeit einer der wichtigsten Kriegs- und Handelshäfen am Mittelmeer war. Sage und schreibe 40.000 Einwohner lebten damals in Forum Iulii. Gut erhalten ist das **Amphitheater,** das fast so groß ist wie die Arena in Nîmes (siehe Seite 102). Wo sich früher Gladiatoren fetzten, finden heute Stierkämpfe statt.
Das bedeutendste Bauensemble weit und breit ist jedoch die mittelalterliche **Cité épiscopale** an der Place Formigé. Das Domviertel besteht aus der frühgotischen Kathedrale, dem Bischofspalast (heute Rathaus), einer Taufkirche aus dem 5. Jahrhundert und einem Kreuzgang, dessen Holzdecke von bunten Bildtafeln geschmückt ist - in einer (auch deutschsprachigen) Videoshow werden die einzelnen Motive erläutert. Nebenan lohnt ein Abstecher ins kleine **Musée archéologique,** wo ein römisches Mosaik und andere Funde der Antike ausgestellt sind. Mittwochs und samstags früh ist an der Place Formigé Markt. Probieren Sie mal die Pfirsiche - sie sind in Fréjus besonders aromatisch.

EINZIGARTIGES FARBENSPIEL

Fréjus geht nahtlos in St-Raphaël über, ein Ort, der auch Schöngeister inspirierte. So komponierte Charles Gounod (1818-1893) hier die Oper »Romeo und Julia«. Heute begeistert St-Raphaël (gemeinsam mit Fréjus-Plage) als einer der beliebtesten Badeorte der Küste vor allem Sonnenanbeter und Wassersportler. Hinter dem Ort beginnt die Corniche d'Or. Hier ist der Weg das Ziel. Die schroffen Porphyrfelsen des Massif de l'Estérel (in dem früher berüchtigte Berg-Banditen hausten) reichen bis an die Küste. Rote Felsen, grüner Wald, blaues Meer - das Farbenspiel ist einzigartig. Herrliche Aussichtspunkte und kleine Badebuchten laden immer wieder zum Zwischenstopp ein.
Am Wegesrand liegen auch weniger bekannte Orte wie Agay. Wussten Sie, dass hier das Schloss der Schwester von Antoine de St-Exupéry stand? Der Pilot

Zu Besuch bei Vogel Strauß & Co

Der Parc zoologique, eine Mischung aus Zoo und Safaripark, liegt nicht gerade idyllisch an der Autobahn, doch kommen Familien mit Kindern hier voll auf ihre Kosten. Wo sonst schaut ein Vogel Strauß durchs Autofenster. Man passiert mit dem Auto Gehege mit Wasserbüffeln, Elefanten, Raubkatzen, Antilopen, Affen und Zebras. Zwischendurch gibt es immer wieder Gelegenheit zum Aussteigen. Le Capitou, 83600 Fréjus, Tel. 04 94 40 70 65. Okt-April tägl. 10-17 u. Mai-Sep 9.30-18 Uhr. Eintritt: Erw. FF 62, Kinder FF 38.

Händemessen mit einem Weltstar

und Autor des »Kleinen Prinzen« drehte vor seinem letzten Flug eine Runde um das Château, das bei der alliierten Landung im Jahr 1944 zerstört wurde. Vorbei am hohen Pic du Cap Roux geht es weiter nach Théoule-sur-Mer und La Napoule. Die Szenerie wird lieblicher: Die langen Sandstrände des Golfe de la Napoule rücken ins Blickfeld und am anderen Ende der weiten Bucht klettert Cannes den Hügel hinauf – hier beginnt für viele die eigentliche Côte d'Azur.

Knabbern an der Croisette

Ein ebenso preiswertes wie familienfreundliches Restaurant ist das »La Figueirette« bei **Theoule-sur-Mer**. Empfehlenswert sind vor allem die Meeresspezialitäten. Die Restaurant-Terrasse liegt zwischen Hafen und Sandstrand, wo auch Bötchen ausgeliehen werden können (Tel. 04 93 75 49 30). Dass man sogar an der Croisette von **Cannes** gut und »relativ« preiswert essen kann, belegt das »Ondine« (Tel. 04 93 94 23 15).

SHARON STONE IN STEIN

In **Cannes** regiert der schöne Schein. Sehen und Gesehenwerden ist angesagt – bei den internationalen Filmfestspielen im Mai ebenso wie im Alltag. Alles, was protzig und teuer ist, kommt an. Cannes hat die edelsten Boutiquen, die nobelsten Hotels, die prächtigsten Villen und mit der Croisette die schönste Promeniermeile am Mittelmeer. Am besten starten Sie Ihre Cannes-Tour am Palais des Festivals. Hier befinden sich eine Tiefgarage und das Touristenbüro. Das 1982 erbaute Palais, eine Mixtur aus Spielkasino, Theater, Kongresszentrum und Veranstaltungssaal ist hässlich wie die Nacht – und wird deshalb auch treffend »Bunker« genannt. Trotzdem würde manch einer alles dafür geben, einmal den roten Teppich entlangzuschreiten, der bei den Filmfestspielen im Mai (siehe Seite 142) ausgerollt wird. In der Nähe zeigen Fliesen mit Handabdrücken berühmter Filmstars, wer schon alles da war. Versuchen Sie's doch mal! Vielleicht haben Sie ja die gleiche Handschuhgröße wie Liz Taylor, Cathérine Deneuve, Sharon Stone oder François Truffaut.

EIN HERZ FÜR KINDER

Was man bei allem Pomp und Glamour nicht erwartet hätte: Die Croisette hat ein Herz für Kinder. Im Vergleich zur Promenade des Anglais in Nizza ist sie breiter und bietet Kindern mehr Abwechslung. Es gibt Springbrunnen, Spielplätze und Karussells. Wer Inlineskates dabeihat, sollte sie hier auspacken, denn nirgends macht Schaulaufen so viel Spaß wie an der Croisette. Vom Strand ist an der Croisette nicht viel zu sehen, denn er wird fast gänzlich von den sündhaft teuren Beach Clubs mit Restaurants, Sonnenschirmen und Liegestühlen in Beschlag genommen. Wer ins Wasser springen möchte: Westlich vom alten Hafen befinden sich die beiden öffentlichen Strände Plage du Midi und Plage de la Bocca. Auch am Palais des Festivals gibt es einen kleinen öffentlichen Strandabschnitt - mit vorgelagerter Insel. Wer sich traut: Am Ponton des Hotels Majestic werden wagemutige Parasailer vom Speedboot in Schwindel erregende Höhen gezogen.

VON FILMDIVEN UND TOURISMUSPIONIEREN

Auf der Stadtseite zeigt Cannes sein bekanntes Gesicht. Hier befinden sich die mondänen Paläste und Hotels, allen voran das altehrwürdige Carlton - ein magischer Ort. Hier drehte Grace Kelly mit Cary Grant im Hotel »Über den Dächern von Nizza«, hier begegnete die schöne Amerikanerin auch Fürst Rainier von Monaco (siehe Tour 10, Seite 94).
Wer die Autofahrt wie eine Fürstin mit wehendem Seidenschal fortsetzen möchte, findet solche und andere Kleinodien in den exquisiten Geschäften der Rue d'Antibes und der Rue Félix-Faure. Etwas bodenständiger gibt sich die Rue Meynadier mit verführerischen Feinkostgeschäften. Nach der Shopping-Tour atmet man unter Platanen an den Allées de la Liberté durch, dem Treffpunkt der Boulespieler und Blumenverkäufer. Hier sehen Sie auch eine interessante Statue. Sie zeigt Lord Brougham, der sich 1834 in Cannes niederließ. Eigentlich wollte der englische Gentleman ja nach Italien - aber eine Choleraepidemie vereitelte seine Pläne. So wurde seine Lordschaft, ohne es zu wollen, zum Tourismuspionier. Denn schon zwei Jahrzehnte später war Cannes - das jetzt auch bequem mit der Eisenbahn zu erreichen war - bevorzugtes Winterquartier der britischen Hautevolee. Standesgemäße Unterkünfte mussten her, also baute man sich Grandhotels, Prachtvillen, eine Uferpromenade und was man sonst so zum Leben brauchte.

Über der Altstadt thront der Tour de Suquet. Mönche der vorgelagerten Lerinischen Inseln haben ihn erbaut, um feindlich gesonne Sarazenen frühzeitig ausspähen zu können.
Wer mehr über die Mönche und ihre Inseln wissen möchte, bummelt hinunter zum Vieux Port und setzt auf die vorgelagerten Inseln über (siehe Seite 115) oder düst gleich nach **Antibes,** das am Westende der Engelsbucht direkt gegenüber von Nizza liegt. Nachvollziehbar, dass die Griechen, die hier im 4. Jahrhundert v. Chr. eine Siedlung gründeten, den Namen Antipolis (»die Stadt gegenüber«) ganz passend fanden. Die Stadt wuchs, wurde später zur Festung ausgebaut - das trutzige Fort Carré am riesigen Hafen, mächtige Festungsmauern und die Wehrtürme des Grimaldi-Schlosses erinnern an weniger friedfertige Zeiten.

BLÜTENPRACHT UND KUNSTGENUSS

Das war einmal. Heute ist Antibes eine Stadt, in der das Verhältnis von Touristenrummel und Alltagsleben stimmt. Man trifft sich in den Cafés der quicklebendigen Altstadt und zum herrlichen Blumenmarkt auf dem Cours Masséna. Antibes ist das Blumenzuchtzentrum des Départements Côte d'Azur-Alpes-Maritimes. Rosen, Tulpen, Nelken werden hier angebaut und in die ganze Welt exportiert. Auf dem Blumenmarkt (Di-So vormittags) kann man die bunte Pracht bewundern. Vom Marktplatz führen Treppen hoch zum Schloss, das früher von den Grimaldis bewohnt wurde. Heute beherbergt es das Picasso-Museum, die Hauptattraktion der Stadt (siehe Kasten Seite 81).
Antibes geht nahtlos in das moderne Seebad Juan-les-Pins über. Der Name erinnert an einen alten Pinienhain (Pinède), in dem jedes Jahr das berühmte internationale Jazz-Festival stattfindet (siehe Seite 143). Ein idealer Platz für ein zünftiges Picknick. Als Alternative bietet

Lieblingsherberge der Schickeria: das Hotel Carlton in Cannes

Auf den Spuren von Picasso

1946 richtete Pablo Picasso auf Einladung des Kurators ein Atelier im Château Grimaldi ein. Außer ca. 200 Werken des Meisters sind Arbeiten von Calder, Léger, Modigliani, Miró, Ernst und Nicolas de Staël zu sehen. Seine letzten Jahre verbrachte Picasso in Mougins. Das Fresko »Krieg und Frieden« in der Kapelle und Originale im Keramikmuseum erinnern an den 1973 verstorbenen Meister. Tipp: In der Poterie Madoura wird Keramik verkauft, die ganz im Geiste Picassos steht. Musée Picasso, Château Grimaldi, 06600 Antibes, Tel. 04 92 90 54 20. Juni-Sep tägl. außer Mo 10-18, Okt-Mai 10-12 und 14-18 Uhr. Eintritt: Erw. FF 30, Kinder (unter 12 J.) frei.

sich der Jardin Thuret auf dem Cap d'Antibes an (siehe Seite 146). Das Kap wird seit jeher von den Reichen und Schönen geschätzt. Sie steuern besonders gern das Hôtel du Cap an. Das traditionsreiche Luxushotel, das auf der Pointe de l'Ilette weit ins Mittelmeer ragt, beherbergte schon so illustre Gäste wie die Windsors und die Onassis'.
Auch in der unweit der Kapspitze gelegenen Batterie du Grillon geht es um einen bedeutenden Menschen. In der alten Geschützbastion erinnert das **Musée naval et napoléonien** an die Landung Napoléons. Am Kap gibt es mehrere kleine Strände. Nett ist die Plage Joseph, wo man sich bei einem Bad im Meer vom Staub der Landpartie befreien kann. Nach einem ereignisreichen Tag schmeckt der Fisch im Strandrestaurant dann doppelt gut – bon appétit!

Geheimnisvolle Unterwasserwelt

Mit der »Visiobulle« kann man während einer einstündigen Spazierfahrt auf dem Meer die Landschaft des Cap d'Antibes und dessen Unterwasserwelt entdecken. Durch den gläsernen Bootskörper sehen Sie bewachsene Felsen und Felder von Posidonien, in denen sich Fische, Seeigel und Seesterne tummeln. Juan les Pins, Karten am Landungssteg Courbet gegenüber dem Fremdenverkehrsamt, Tel. 04 93 67 02 11 und Tel. 04 93 34 09 96. Täglich (außer bei Schlechtwetter). Erw. FF 70, Kinder (2-12 J.) FF 35.

Office du Tourisme, Rue Jean-Jaurès 325, 83600 Fréjus, Tel. 04 94 17 19 19.
L'Amphithéâtre, »Les Arènes«, Rue Henri Vadon, 83600 Fréjus, Tel. 04 94 17 05 60. Tägl. außer Di 9.30-12 u. 14-18.30 Uhr. Eintritt frei.
Cité épiscopale, Rue de Fleury 58, 83600 Fréjus, Tel. 04 94 51 26 30. Okt-März tägl. außer Di 9-12 u. 14-17 Uhr, April-Sep tägl. außer Di 9-19 Uhr. Die Kathedrale ist morgens und von 16-18 Uhr geöffnet.
Musée archéologique, Rue de Fleury 58, 83600 Fréjus, Di, Do, u. Fr 14-18 Uhr.
Office du Tourisme, Palais des Festivals, La Croisette 1, 06400 Cannes, Tel. 04 93 39 24 53.
Office du Tourisme, Place du Général-de-Gaulle, 06600 Antibes, Tel. 04 93 33 95 64.
Musée naval et napoléonien, Batterie du Grillon, Av. J. Kennedy, 06600 Cap d'Antibes, Tel. 04 93 61 45 32. Tägl. außer Sa nachm. u. So 9.30-12 und 14.15-18 Uhr. Im Oktober geschl. Eintritt: Erw. FF 20, Kinder (unter 15 J.) frei.

Tour 8: Napoléon und die Hauptstadt der Düfte

Grasse • Gorges du Loup • Vence • Saint-Paul-de-Vence

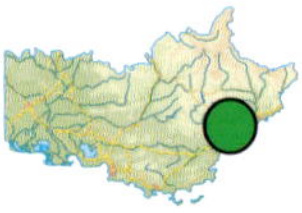

Wo: Hinterland von Antibes und Cagnes-sur-Mer – Wie: mit dem Auto und zu Fuß – Dauer: Tagesausflug – Nicht vergessen: Boule-Spiel, Badezeug, Picknickkorb

Kunst vom Feinsten, Boule unter Platanen, bunte Blumenfelder und eine Fabrik, die Parfüm produziert, liegen am Wegesrand dieser Tour, die einen Tag lang in das Hinterland von Cannes und Antibes führt.

GANZ SCHÖN DUFTE

Lavendel und Jasmin, Rosen und Mimosen. An manchen Tagen liegt eine Duftglocke über **Grasse.** In der Welthauptstadt des Parfüms werden die Duftpflanzen, die man in den Tälern rund um Grasse züchtet, zu betörenden Parfüms verarbeitet. Doch nicht immer herrschte hier solch ein Wohlgeruch. Im Mittelalter, als man noch Schafshäute gerbte, stank es sogar gewaltig. Mitte des 17. Jahrhunderts entdeckten viele Gerbereien einen neuen Markt: parfümierte Handschuhe, die beim Adel damals absolut »in« waren. Man baute aromatische Pflanzen an und stellte fleißig Parfüms her. Problem: Als die Blaublüter nach der Revolution Kopf und Kragen verloren, brach das Geschäft zwangsläufig zusammen. Seit dem 19. Jahrhundert konzentriert sich Grasse auf die Herstellung von Duftextrakten aus natürlichen Rohstoffen, also z.B. Blumen, die rund um Grasse wachsen. Jährlich werden hier etwa 500 Tonnen Rosen, 100 Tonnen Orangenblüten und 60 Tonnen Jasmin geerntet und weiterverarbeitet. Die Ausbeute ist allerdings kläglich: Es braucht fast eine Million Rosenblüten, um ein Kilogramm Duftessenz zu gewinnen.
Wer mehr wissen möchte, erfährt im

Grasse – Welthauptstadt des Parfüms

In der Altstadt von Grasse ist die Zeit stehen geblieben

Musée de la Parfumerie alles über die wirtschaftliche und technische Entwicklung des Handwerks. Direkt nebenan befindet sich **Fragonard,** eine der ältesten und berühmtesten Parfümdynastien des Ortes. Bei einer (mehrsprachigen und kostenlosen) Führung durch die 1782 errichtete Fabrik werden Sie in die Geheimnisse der Parfümherstellung eingeführt. Sehenswert ist auch das wundervolle **Parfümmuseum,** das sich in den Herrschaftsräumen über der Fabrik befindet. Antike Phiolen, Flakons aus Gold und Silber, lackierte Parfümkästchen aus Veilchenholz, Chinaporzellan mit getrockneten Blüten und andere Kleinodien lassen 5.000 Jahre Parfümgeschichte wieder lebendig werden.

EINMAL »SUPERNASE« SEIN

Empfohlen von Familie&Co Die Familienzeitschrift

Sie oder Ihre Kinder möchten sich selbst mal als »Supernase« versuchen? Kein Problem: Die alteingesessene **Parfümerie Galimard** bietet in ihrem Duftkreationsstudio (Studio des Fragrances) spezielle Kurse, bei denen Sie Ihr persönliches Parfüm erfinden können. Ob blumig, erdig, floral, orientalisch oder herb – der Fantasie sind keine Grenzen gesetzt. Ein Parfumeur steht mit Rat und Tat zur Seite und erklärt den Aufbau eines guten Parfüms mit Kopf-, Herz- und Basisnoten. Er hilft, Ihren Geruchssinn zu verfeinern, gibt eine Aufstellung der wichtigsten Duftfamilien und der darin enthaltenen Duftbausteine und erläutert die Grundvoraussetzungen für eine harmonische Mischung. Klar, dass Sie den (mit Ihrem Namen versehenen) Flakon nach getaner Arbeit nach Hause tragen dürfen. Die Kreation wird übrigens in eine Kartei aufgenommen und kann so problemlos nachbestellt werden. Der Kurs umfasst auch eine Führung durch die Parfümfabrik Galimard.

Traumjob Supernase

Parfüms werden nicht einfach gemischt, sondern wie ein Musikstück komponiert. Alles steht und fällt mit begnadeten Schnüffel-Künstlern, die Tausende von Duft-Essenzen auseinander halten können. Der Parfümeur, den man aufgrund seiner Begabung schlicht »die Nase« (»le nez«) nennt, komponiert neue Kreationen mittels kleiner Holzstäbchen und Papierstreifen an der »Duftorgel« – einer Art Bibliothek verschiedener Duftstoffe.

NERVENKITZEL UND GRUSELKERKER

Nach einem Eis auf der lauschigen Place aux Aires (Herrschaftshäuser, Arkaden, morgens Markt) ist es Zeit, in Richtung **Gorges du Loup** zu verduften, einer der schönsten Schluchten Frankreichs. Wer von den schweren Parfüms in Grasse noch ein bisschen benebelt ist, wird bei dieser Nervenkitzel-Tour wieder wach. Die Route ist kurvenreich und bietet spektakuläre Ausblicke auf den Fluss Loup, der sich 400 Meter tiefer durch den weichen Kalkstein frisst. Erstes Etappenziel ist Gourdon. Der Ort klebt 758 Meter hoch über der Schlucht des Loup am Felsen. Bei klarem Wetter kann man von hier aus einen fast 100 Kilometer breiten Küstenstreifen überblicken. Genau der richtige Platz für eine schöne Festung, dachte man sich im 9. Jahrhundert und baute eine Burg auf den Fels, von der jedes feindlich gesonnene Sarazenen-Boot frühzeitig gesehen wurde. Von der Anlage blieb allerdings nicht viel. Auf den Grundmauern steht heute mitten im Dorf ein im 17. Jahrhundert errichtetes Château. Das Schloss **(Château Gourdon)** beherbergt im Erdgeschoss ein historisches Museum mit Gruselkerker, Foltertisch, alten Waffen und Rüstungen. Bestens geeignet zum Versteckspiel ist der terrassierte Burggarten (von dem Gartenarchitekten Versailles

Angehende Supernasen bei Fragonard: Wer ist wohl der beste Schnüffel-Künstler?

Le Nôtre gestaltet). Vom Ausgang des Spukschlosses fällt man geradezu in einen der vielen Souvenirläden, die neben Kitsch auch Kalorienbomben bieten. Tipp: Unbedingt Marmelade, Honig und Nougat eintüten - es lohnt sich! Weiter geht's auf den »Paradiespfad« nach Pont-du-Loup. Man wandert etwa zwei Stunden. Da aber noch viele andere Attraktionen auf dem Programm stehen, sollten Sie sich die anspruchsvolle (und für Kleinkinder ungeeignete) Tour für einen anderen Tag aufsparen. Erfrischender und weniger anstrengend ist ein Abstecher zu den spektakulären Wasserfällen der Schlucht (Cascade de Courmes, Saut de Loup). Das Wasser stürzt hier bis zu 70 Meter in die Tiefe. Genau der richtige Platz für ein Picknick inmitten herrlicher Natur.

Süßigkeiten-Fabrik

Für Naschkatzen führt kein Weg an Pont-du-Loup vorbei. Hier gibt es eine Fabrik, in der provenzalische Süßigkeiten hergestellt werden. Kandierte Früchte, Fruchtbonbons, köstliche Marmeladen und feinste Schokoladen sind nur einige der süßen Sünden, die in der »Confiserie des Gorges du Loup« produziert werden. Wer hinter die Kulissen schauen möchte: Man kann auch an Führungen teilnehmen (Tel. 04 93 59 32 91). Kostenlos.

MITTELALTERLICHES GEMÄUER

Via Pont-du-Loup und Tourettes-sur-Loup geht es durch Olivenhaine und Pinienwälder nach **Vence**, das malerisch vor dramatischen Felsen liegt - eine angemessene Kulisse für eine der schönsten Altstädte des Landes. Mittelalterliches Gemäuer, die Place du Peyra mit plätschernden Brunnen, die Kathedrale und (»Fress«-)Gassen wie die betörend duftende Rue Marché ziehen Besucher seit jeher in ihren Bann. Auch die Maler Dufy, Chagall und Picasso fühlten sich hier

Fondation Maeght

Das traumhafte Museum vereint Natur, Architektur und Kunst zu einem grandiosen Ensemble. Die Bauhaus-Architektur versammelt alle wichtigen Künstler der Moderne (Matisse, Braque, Chagall, Miró etc.). Für Kinder ein Erlebnis ist der Skulpturenpark – suchen Sie doch mal mit Ihren Kindern die lustige Stelzen-Katze von Giacometti. Fondation Maeght. Vor den Toren von Saint-Paul-de-Vence, ausgeschildert, Tel. 04 93 32 81 63. Juli-Sep tägl. 10-19 Uhr, Okt-Juni 10-12.30 Uhr und 14.30-18 Uhr. Eintritt: Erw. FF 40, Kinder FF 10.

wohl. Matisse lebte Ende der Vierzigerjahre in Vence und vermachte dem Ort sein bedeutendstes Kunstdenkmal: die **Chapelle du Rosaire,** eine Klosterkapelle am Stadtrand, die der berühmte Maler gänzlich mit seiner Kunst ausstattete – seine Art, den Nonnen für die liebevolle Pflege während einer Krankheit zu danken.

La Colombe d'Or

Die Künstler, die sich nach dem Ersten Weltkrieg in St-Paul niederließen, trafen sich im Restaurant Colombe d'Or, damals noch »Robinson«. Da sie unter notorischer Geldknappheit litten, bezahlten sie mit Bildern. Diese Bilder hängen wie vor Jahr und Tag in der Gaststube: Bonnard, Dufy, Braque, Picasso, Matisse, Léger und Modigliani – die ganze Moderne schaut dem Gast beim Essen über die Schulter. Place du Général-de-Gaulle, Saint-Paul-de-Vence, Tel. 04 93 32 80 02, auch Hotel.

GROSSE KUNST, BOULE UND BÄUME

Auch **Saint-Paul-de-Vence,** nur einen Katzensprung von Vence entfernt, zog immer schon Künstler und Intellektuelle an. Die Lage ist ja auch wahrhaft malerisch. Weithin sichtbar auf einem Hügel positioniert, besteht das Bergdorf lediglich aus ein paar kleinen Häuschen, einem wackeligen Kirchlein und einer Stadtmauer, die dem historischen Ensemble Halt gibt. Doch nicht Bauten, sondern Künstler machten St-Paul berühmt. Signac, Modigliani und Bonnard ließen sich in den Zwanzigerjahren in dem damals noch verschlafenen St-Paul nieder, um hier in Ruhe den Pinsel zu schwingen. Chagall liegt hier begraben. Spätestens 1951, nach der Hochzeitsfeier von Yves Montand und Simone Signoret im Colombe d'Or (siehe Kasten unten) war der Ort in aller Munde. Jetzt düste der Jetset nach St-Paul, bezog Villen und Bauernhäuser. Zwar wohnen heute immer noch reichlich Promis im Dorf – die meisten Besucher kommen aber nur für eine Stippvisite. So wie die deutsche Fußball-Nationalmannschaft, die hier während der WM 1998 Quartier bezog. St-Paul ist längst kein Geheimtipp mehr. Im Sommer drängeln sich sage und schreibe 250.000 Menschen durch die Gassen. Manche finden, das Künstlerdorf habe seine Identität verloren – am besten, man macht sich selbst ein Bild.

FRÖHLICHES BILDERRATEN

Großer Pluspunkt: St-Paul ist autofrei. Der Wagen wird am Ortseingang in einem unterirdischen Parkhaus abgestellt. Am Colombe d'Or vorbei geht es Richtung Stadtmauer in den Ort. Der ist schnell erkundet: Es wimmelt von Galerien, Ateliers, Antiquitäten- und Souvenirshops. Meist handelt es sich um Kitsch – aber auch der kann durchaus interessant sein. Schauen Sie mal in die Galerien. Hier werden unglaublich hässliche Bilder für unglaublich viel Geld angeboten.

Finden Sie nicht auch, dass manch ein »Künstler« Picasso & Co ein wenig übereifrig zitiert hat? Wie auch immer – fröhliches Bilderraten ist angesagt: Wer hat wohl von wem abgepinselt? Wer's weiß, bekommt ein Eis spendiert. Das schmeckt am Bouleplatz vis-à-vis vom Colombe d'Or am besten. Der Platz zeigt Frankreich wie aus dem Bilderbuch, er ist gesäumt von Holzbänken und Schatten spendenden Platanen. Über allem liegt der verführerische Duft von starkem Kaffee und knusprigen Croissants. Die Wohlgerüche kommen von einem schönen Café direkt am Platz. Also erst mal einen Café au lait bestellen und/oder die mitgebrachten Boule-Kugeln auspacken. Keine Sorge: Niemand wird Sie auslachen. Im Gegenteil: Die freundlichen alten Herren, die aussehen wie in der Gauloises-Werbung, geben Ihnen gerne einen Tipp.

Office du Tourisme, Cours Honoré Cresp, 06130 Grasse, Tel. 04 93 36 66 66.
Musée de la Parfumerie (Parfümmuseum), Cours Honoré Cresp 8, 06130 Grasse, Tel. 04 93 36 80 20. Juni-Sep 10-19 Uhr, Okt-Mai 10-12 u. 14-17 Uhr, Mo, Di und feiertags geschl. Eintritt: Erw. FF 25, Kinder (unter 16 J.) frei.
Parfumeur Fragonard, Bd Fragonard 20/23, 06130 Grasse, Tel. 04 93 36 44 65. Fabrik: Tägl. 9-18.30 Uhr, Museum: Sommer tägl. 9-12 und 14-18 Uhr. Eintritt frei.
Parfumerie Galimard/Le Studio des Fragrances, Route de Pégomas 5, 06131 Grasse, Tel. 04 93 20 00. Voranmeldung für Duftkreations-Kurse wird erbeten. Der Kurs dauert etwa zwei Stunden und kostet (einschließlich Parfüm) FF 220/Pers.
Château Gourdon, mitten im Ort. Tägl. außer Mo 10-18 Uhr. Eintritt: Erw. FF 20, Kinder FF 10.
Office du Tourisme, Place du Grand Jardin, 06140 Vence, Tel. 04 93 58 06 38.
Chapelle du Rosaire (Rosenkranzkapelle), Avenue Henri Matisse, 06140 Vence, Tel. 04 93 58 03 26. Di und Do 10-11.30 und 14.30-17.30 Uhr.
Office du Tourisme, Rue Grande, St-Paul, Tel. 04 93 32 86 95.

Boule unter schattigen Bäumen ist in fast jedem provenzalischen Ort möglich

Tour 9: Eine Palmen-Promenade und komische Villen

Nizza • Cap Ferrat

Wo: im Osten der Côte d'Azur, ca. 30 km westl. der italienischen Grenze – Wie: zu Fuß und mit dem Auto – Dauer: Halbtagesausflug, zum Tagesausflug verlängerbar – Nicht vergessen: bequeme Schuhe, Stadtplan

Ein Tag in **Nizza:** südfranzösischer Shoppingbummel von Oliven zu süßen Verführungen, Märkten und Pastis. Eintauchen in die Kunstschätze der Museumsstadt von Chagall, über Matisse bis zur Antike – und einfach das Flair dieser wunderbaren Stadt aufnehmen. Kunstmüden Kids sei ein Ausflug zum Zoo am Cap Ferrat in Aussicht gestellt. Dort warten Sibirische Tiger & Co auf neugierige Kids. Achtung: nicht dienstags kommen (da haben viele Museen geschlossen) und nicht am Wochenende.

NIZZA BEGEISTERT

Es war einmal ... vor 400.000 Jahren, da hockten zottelige Urmenschen in den Höhlen des Schlossberges und des Mont Boron und freuten sich des Lebens. Nizzas Lage begeistert die Menschen seit der Steinzeit: hinten die schützenden Ausläufer der Seealpen, vorne die weite Baie des Anges mit türkisem Wasser und ein herrlich mildes Klima – auch im Winter. »Genau der richtige Platz, um Handel zu treiben«, dachten sich auch Griechen aus Massalia (Marseille), die um 400 v. Chr. auf dem Schlosshügel Nikaia Polis (»Stadt des Sieges«) gründeten. Drei Jahrhunderte später folgten ihnen die Römer und bauten die Stadt Cemenelum (Cimiez), die alles besaß, was man fürs antike dolce vita so brauchte: Arenen, Amphithea-

Steife Brise am Strand von Nizza

Ausflug zum »Grünen Diamanten«

Hinter diesem geheimnisvollen Namen verbirgt sich eine Wunderwelt in Grün, eines der weltgrößten Gewächshäuser. Im »Grünen Diamanten« im Parc Floral Phoenix in Nizza bezaubern Millionen Blumen aus allen Ecken der Erde, exotische Vögel, Fische und Schmetterlinge kleine Entdecker und Jungbotaniker. Der Park wurde 1990 in der Nähe des Flughafens angelegt. Promenade des Anglais 405, Tel. 04 93 18 03 33, tägl. 9-19 Uhr. Eintritt: Erw. FF 40, Kinder FF 25.

ter und riesige Thermen. Nachdem Barbaren Cemenelum in Schutt und Asche gelegt hatten, zogen die Bewohner nach Nikaia. Das wurde später unter anderem Namen Teil der Grafschaft Provence und kam 1383 zum Herzogtum Savoyen. Erst 1860, nach vielen hundert Jahren italienischer Herrschaft, fiel Nizza (mit Menton) nach einer Volksabstimmung an Frankreich. Schon damals gab es hier Touristen. Vor allem englische Aristokraten schätzten Nizza als (Winter-)Kurort. Die Lords und Ladys ließen es sich so richtig gut gehen. Abwechslung fand man im Kasino und im Theater - nur eine Promenade, auf der man standesgemäß am Meer flanieren konnte, fehlte den Blaublütern noch zum Glück.

AUF DEM WEG DER ENGLÄNDER

Lewis Way, ein englischer Pfarrer, nahm die Sache in die Hand und ließ 1820 einen mit zwei Meter Breite vergleichsweise bescheidenen Pfad an der Bucht anlegen. Erst später wurde der Spazierweg zur mondänden Promenade ausgebaut, gesäumt von herrlichen Palmen und den schönsten Prunkbauten der Küste, darunter auch das berühmte Hôtel Negresco (siehe Seite 90). Heute ist die Promenade eine laute, sechsspurige Straße. Aber es gibt Pläne, die Autos in einen Tunnel zu verbannen und eine Fußgängerzone anzulegen - was für Aussichten: Man könnte dann auf dem »Weg der Engländer« wieder (fast) so ungestört wandeln wie Lewis Way und seine britischen Landsleute vor vielen, vielen Jahren.

WIRTSCHAFTSMETROPOLE UND URLAUBSORT

Obwohl die Erinnerung an die goldenen Jahre wie ein mythischer Schleier über der Stadt liegt, hat sie sich emanzipiert. Nizza ist das wirtschaftliche und kulturelle Zentrum der gesamten Côte d'Azur, eine moderne Großstadt mit allen üblichen Problemen wie Kriminalität und Korruption. Heute blickt Nizza optimistisch in die Zukunft. Es hat nicht nur den zweitgrößten Flughafen Frankreichs, sondern auch eine Universität mit 30.000 Studenten und (vor den Toren der Stadt) mit Sophia-Antipolis ein europäisches Silicon Valley mit High-Tech-Firmen, die fast 20.000 Menschen beschäftigen. Die Kombination von Business-Metropole und Urlaubsort ist es, die Nizza so einzigartig macht - auch für die 400.000 Einwohner. Wer kann schon in seiner Mittagspause ins Mittelmeer springen?

DAS BESONDERE MITBRINGSEL

Lenken Sie den Wagen ins Parkhaus Ruhl/Méridien (Avenue Gustav-V). Ganz in der Nähe, direkt an der Promenade des Anglais, liegt das Touristenbüro. Hier können Sie sich mit Stadtplan und Info-Broschüren eindecken. Zur Einstimmung empfiehlt sich ein kurzer Spaziergang über die legendäre Promenade. Danach ein Schlenker über die Einkaufsmeile Rue Masséna und den Place Masséna (elegante Arkaden, Häuserfassaden in pompeischem Rot, Brunnen) oder direkt durch den Jardin Albert 1er in die liebevoll restaurierte und verkehrsberuhigte Altstadt. Erstes Etappenziel ist das Haus

Stilechtes Gefährt vor dem legendären Hôtel Negresco

Nummer 14 in der Rue Saint-François de Paule, wo **Alziari Nicolas** das wohl beste Olivenöl der Küste verkauft. Achtung, Kalorienbomben: Schräg gegenüber befindet sich ein Schlaraffenland. Seit 1820 lockt die **Patisserie Henri Auer** mit süßen Sünden. Die Rue Saint-François de Paule mündet in den Cours Saleya mit Blumenmarkt (Di-So vormittags, Mo Trödelmarkt), Cafés, Restaurants und ockergelben Barockfassaden. An Marktständen schieben sich schwitzende Touristen, gestylte Banker, schrullige Weiblein und freche Kids vorbei. »Tout Nice« ist hier morgens unterwegs. Die Händler bieten ihre Waren mit großer Geste an, zeigen, schimpfen, lachen. Es ist laut und lustig. Der Cours ist eher ein Corso - bella Italia ist ja auch nicht weit. Man trifft sich, hält ein Schwätzchen, kostet ein bisschen Pistou, hält wieder ein Schwätzchen und probiert von den kleinen, aber unglaublich köstlichen Nizza-Oliven, hält ein Schwätzchen...

FRISCHE AUSTERN UND EINE VILLA IN CIMIEZ

Durchs pittoreske Gassengewirr der Altstadt geht es zuerst über die Rue Jules Gilly in die Rue Droite an der Eglise du

Café de Turin

Muscheln, Austern, Garnelen, Hummer. Das Café de Turin ist der Platz für fangfrische Meeresfrüchte zu absoluten Knüller-Preisen. Spezialität des Traditionslokals ist die gemischte Meeresfrüchte-Platte. Man futtert draußen auf der Terrasse oder drinnen an schweren Holztischen. Place Garibaldi, 06300 Nizza, Tel. 04 93 62 29 52.
Extra-Tipp: Erstklassige regionale Gerichte tischt »Acchiardo« auf. Rue Droite 38, 06300 Nizza, Tel. 04 93 85 51 16.

Kritischer Blick auf fangfrische Ware

Gésu vorbei zum **Palais Lascaris,** dem wohl schönsten Gebäude der Altstadt. Im Inneren des genuesischen Palazzos aus dem 17. Jahrhundert warten monumentale Treppen, wunderschöne Fresken, kostbare Möbel und Gemälde sowie eine Apotheke aus dem Jahr 1738 auf staunende Besucher. Wer Durst hat, macht in einem der Straßencafés im Schatten der Kathedrale Ste-Réparate (17. Jh.) eine Pause. Dann über den Place St-François (morgendlicher Fischmarkt) und die Rue Pairolière zur Place Garibaldi mit dem Reiterstandbild des italienischen Freiheitshelden Giuseppe Garibaldi (1807-1882), der in Nizza geboren wurde. Direkt am Platz liegt das Café de Turin (siehe Kasten). Ein paar Austern schlürfen und dann über die Rue Cathérine Segurane zur Siesta in den schattigen Parc du Château, der auf dem knapp 100 Meter hohen Schlosshügel liegt. Im Park gibt es neben weiten Grünflächen auch Überreste der einstigen Zitadelle und zweier Kathedralen, einen Aussichtspunkt (Table d'orientation) und Kinderspielplätze - ein schönes

Tobegebiet für Kinder, das sich auch bestens zum Picknick eignet.

DIE QUAL DER WAHL

Nizza hat neben Paris die meisten Museen Frankreichs. Klar, dass man sie nicht alle an einem Tag angucken kann. Die Auswahl mag schwer fallen, aber da Sie nur einen (halben) Tag unterwegs sind, kommen Sie nicht umhin, Schwerpunkte zu setzen. Sie machen keinen Fehler, wenn Sie sich auf das vornehme Stadtviertel Cimiez und die dort liegenden Museen konzentrieren. Vom Parkhaus aus gelangen Sie über Avenue du Verdon und über die Avenue Jean Médecin in das elegante Stadtviertel mit seinen wunderbaren viktorianischen Prachtstraßen. Erstes Highlight ist das **Musée National Message Biblique Marc Chagall.** Es beherbergt die bedeutendste Sammlung Chagalls (1887-1985) weltweit. Ausgestellt sind Gemälde, Skulpturen, Skizzen, Glasmalereien, Wandteppiche und Mosaike des Meisters.

ERKUNDUNGSTOUR BEI DEN RÖMERN

Der prächtige Boulevard de Cimiez führt am ehemaligen Hotel Régina vorbei (in dem Matisse starb) zu den Ruinen der römischen Siedlung Cemenelum. Die Thermen und Theater sind noch ganz gut in Schuss und können von den Kids nach Herzenslust beklettert werden. Wer noch Muße hat, besichtigt im **Musée d'Archéologique** Gegenstände des römischen Alltags (Münzen, Schmuck, Keramik etc.), ansonsten steuert man direkt das benachbarte **Musée Matisse** an, das mitten im Olivenhain des Cimiez-Parkes liegt. Die berühmte Sammlung mit Ölgemälden, Zeichnungen, Skizzen und persönlichen Gegenständen des Künstlers (1869-1954) ist in einer italienischen Villa aus dem 17. Jahrhundert und einem modernen Anbau untergebracht. Danach empfiehlt sich eine Rast im Park. Hier gibt es nicht nur schattige Bäume, sondern auch erfrischende Drinks und ein Kinderkarussell.

Cap Ferrat, Alterssitz von Monarchen und Millionären

Corniches

Drei berühmte Küstenstraßen, Corniches, verbinden Nizza, Monaco und Menton. Überwältigende Fernblicke gewährt die 500 Meter über dem Meer verlaufende Grande Corniche (D 2564), die Napoleon entlang der römischen Via Aurelia in den Fels hauen ließ. Auf mittlerer Höhe verläuft die Moyenne Corniche (N 7) durch die Berge.
Am Meer entlang führt die Petite Corniche (N 98). Über kleinere Verbindungsstraßen kann man die Corniches wechseln.

AUSWEICHROUTE: CAP FERRAT

Bei allzu heißem Wetter (oder wenn die Kinder gegen zu viel Kultur in Cimiez protestieren) empfiehlt sich eine Ausweichtour ans Meer. Die untere Corniche führt über Villefranche (mit seinem bis zu 60 Meter tiefen Naturhafen) zum **Cap Ferrat.** Traumlage, mildes Klima und schöne Buchten machten das Kap zum bevorzugten Alterssitz von Monarchen und Millionären. Deren Villen liegen inmitten prächtiger Gärten und sind durch hohe Mauern von der Außenwelt abgeschirmt. Das prunkvollste aller Herrschaftshäuser ist für alle zugänglich: die Villa Ephrussi de Rothschild (siehe Kasten unten). Von einer ganz anderen Seite zeigt sich die Halbinsel im **Zoo du Cap Ferrat** mit Sibirischen Tigern, Nilkrokodilen, Zebras, Affen, Bären und Flamingos. Hier gibt es auch Spielplätze und eine Snack-Bar.

Villa Ephrussi de Rothschild

Beatrice Ephrussi de Rothschild ließ ihre Villa vor dem Ersten Weltkrieg im italienischen Renaissance-Stil errichten und mit lauter Kostbarkeiten einrichten - irgendwo musste der Krempel ja hin... 5.000 Kunstgegenstände brachte Madame in den Salons unter. Ein Besuch ist nur im Rahmen einer Führung möglich - im Themenpark mit Patios, Kaskaden und seltenen Bäumen dürfen die Kids dann nach Herzenslust toben. Musée Ephrussi de Rothschild, 06230 Saint-Jean-Cap Ferrat. 15. Feb-1. Nov tägl. 10-18, Aug 10-19 Uhr, 2. Nov-5. Feb Sa/So 10-18, Mo-Fr 14-18 Uhr. Eintritt: FF 40.

Comité Régional du Tourisme, Promenade des Anglais 55, 06000 Nizza, Tel. 04 93 37 78 78.
Alziari Nicolas, Rue Saint François de Paule 14, 06300 Nizza, Tel. 04 93 85 76 92.
Patisserie Henri Auer, Rue Saint François de Paule 7, 06300 Nizza, Tel. 04 93 85 77 98.
Palais Lascaris, Rue Droite 15, 06300 Nizza, Tel. 04 93 62 05 54. Tägl. außer Mo 10-12 und 14.30-18 Uhr. Eintritt: Erw. FF 25, Kinder FF 15.
Musée National Message Biblique Marc Chagall (Chagall-Museum), Avenue du Docteur Ménard, 06300 Nizza, Tel. 04 93 53 87 20. Juli-Sep tägl. außer Di 10-18, Okt-Juni 10-17 Uhr. Eintritt: Erw. FF 30, Kinder frei.
Musée d'Archéologique (Archäologisches Museum), Avenue des Arènes 160, 06300 Nizza, Tel. 04 93 81 59 57. April-Sep tägl. außer Mo 10-12 und 14-18, Okt-März 10-13 und 14-17 Uhr. Eintritt: Erw. FF 25, Kinder FF 15.
Musée Matisse, Avenue des Arènes de Cimiez 164, 06300 Nizza, Tel. 04 93 81 08 08. April-Sep tägl. außer Di 10-18, Okt-März 10-17 Uhr. Eintritt: Erw. FF 25, Kinder FF 15.
Zoo du Cap Ferrat, 06230 Saint-Jean-Cap Ferrat, Tel. 04 93 76 07 60. Tägl. 9.30-17.30 Uhr. Eintritt: Erw. FF 58, Kinder (ab 13 J.) FF 46, Kinder unter 13 Jahren frei.

Tour 10: Besuch bei den Grimaldis

Monaco • Èze

Wo: im Osten der Côte d'Azur an der italienischen Grenze – Wie: zu Fuß und mit dem Auto – Dauer: Halbtagesausflug – Nicht vergessen: bequeme Schuhe, Stadtplan

Ein Urlaub an der Côte d'Azur ohne Abstecher nach Monaco – undenkbar! Aber ist der verkehrsumtoste Zwergstaat überhaupt für einen Familienausflug geeignet? Gut, der Autoverkehr und die damit verbundenen Belästigungen strapazieren die Nerven wirklich ziemlich. Aber selbst Monaco hat stille und verspielte Seiten, sodass bei der Visite auch die Kinder auf ihre Kosten kommen. Tipp: früh losfahren (Ankunft gegen 9 Uhr) und möglichst nicht am Wochenende.

NATURSCHUTZGEBIET DER REICHEN

Der Übergang von Frankreich nach **Monaco** ist fließend – eine klassische Staatsgrenze gibt es nicht. Allein die weißen Wappensteine zeigen an, dass man sich auf monegassischem Boden befindet. Sprache, Währung – alles ist wie in Frankreich, nur etwas kleiner und feiner. Mit einer Fläche von 1,95 Quadratkilometern ist das Fürstentum nach dem Vatikan das zweitkleinste souveräne Land der Erde. Auf einem Gebiet, das halb so groß wie der Englische Garten in München ist, knubbeln sich 30.000 Einwohner, von denen allerdings nur 5.000 waschechte Monegassen sind. Bei den anderen handelt es sich um Résidents,

Monaco, das zweitkleinste Land der Welt, gilt als »Naturschutzgebiet« der Reichen

Selbst in Monaco rumpelt ein Petit train übers Pflaster

die die geldwerten Vorzüge des Ortes schätzen – das Fürstentum erhebt (bis auf die Verbrauchssteuern) keine Abgaben. Gleich scharenweise bezieht die Prominenz deshalb in Monacos Penthäusern Quartier. Und der Staat sorgt dafür, dass dieses Naturschutzgebiet der Reichen sauber und friedvoll bleibt.

GLANZ UND GLAMOUR

Seit über 50 Jahren bestimmt Rainier III. die Geschicke des Staates – kein anderer europäischer Monarch kann auf eine so lange Regentschaft zurückblicken. 1956 heiratete der Fürst die amerikanische Film-Diva Grace Kelly, die als Fürstin Gracia Patricia den Thron bestieg. Nach der sensationellen Vermählung wurde Monaco zur internationalen Glamour-Metropole und die Fürstenfamilie zum unerschöpflichen Thema der Regenbogenpresse. Doch das alles sind nur Episoden für einen Clan, der seit 700 Jahren über Monaco herrscht und es durch die Jahrhunderte schaffte, die Eigenständigkeit des Zwergstaates durch geschickte Diplomatie zu bewahren. Pfiffig waren die Grimaldis schon immer. Als Mitte des 19. Jahrhunderts Ebbe in der Staatskasse herrschte, spielte Carlo III. seine Souveränität aus und gründete das Kasino – ein genialer Zug, denn Glückspiel war in Frankreich und Italien damals verboten. Das Stadtviertel, in dem die mondäne Spielhölle errichtet wurde, beglückte der Regent bescheiden mit seinem Namen: »Monte Carlo«. In dieser Zeit wurde der Monte-Mythos geboren, mit zauberhaften Geschichten von russischen Grafen, englischen Lords und verführerischen Kurtisanen. Dazu gesellten sich traurige Gestalten, die am Roulette-Tisch ein Vermögen durchbrachten und danach vom Spielbank-Felsen in den Tod sprangen, ebenso wie Gewinner wie Charles Deville Wells, der 1891 in einem dreitägigen Spiel die Bank sprengte. Doch das konnte man verkraften. Das Kasino machte Monaco in kürzester Zeit so reich, dass alle Steuern abgeschafft wurden – und das gilt bis heute.

Der boshafte Francesco

Alles begann anno 1297. Da riss sich Francesco (»der Boshafte«) den Monaco-Felsen mit einer ziemlich gemeinen List unter den Nagel. Der Grimaldi-Fürst und seine Getreuen machten sich als Mönche verkleidet auf den Weg zur genuesischen Garnison, die sich damals auf dem Felsen befand. Die falschen Mönche klopften um Hilfe rufend an die Tür, fanden Einlass – und metzelten kurzerhand die ganze Garnison nieder. Die Schwerter im Grimaldi-Wappen erinnern an diese blutrünstige Begebenheit.

Vom Glanz früherer Tage ist nicht viel geblieben. Im 21. Jahrhundert präsentiert sich Monaco in bewusster Abkehr vom Zocker-Image als zukunftsorientiertes Gemeinwesen. Die Fürstenfamilie fördert das Kongresswesen und die Ansiedlung von Leichtindustrie. So ist Monaco heute ein wichtiger Standort für Elektro-, Pharma- und Kosmetikunternehmen und ein bedeutendes Banken- und Finanzzentrum. Das Kasino hat längst an Bedeutung verloren, erwirtschaftet nur noch vier Prozent der Staatseinnahmen (früher 95 Prozent). Das meiste Geld bringen Touristen ins Land.

Stars N' Bars

Die American Sports Bar bietet neben leckeren Burgern und Steaks und einer schönen Hafen-Terrasse eine unkomplizierte Atmosphäre. Allein die Inneneinrichtung mit Formel-1-Rennwagen, Motorrädern und einem Bob von Prinz Albert ist der Hit für Kids. Viele der Exponate wurden von Promis wie Michael Schumacher beigesteuert. Und: Das Stars N' Bars ist das erste Cybercafé Monacos. Quai Antoine 1er 6, 98030 Monaco, Tel. 377 93 50 95 95.

DER PRINZ UND DAS MEER

Im Verkehrschaos kann man schnell die Orientierung verlieren. Doch nicht verzweifeln. Folgen Sie einfach den Schildern »Monaco-Ville« bzw. »Chemin des Pêcheurs«, das ist die Tiefgarage unter dem Musée Océanographique (siehe Seite 120), Ausgangspunkt der Monaco-Tour. Vom Parkhaus führt ein Lift zum Eingang. Mühseliger ist der Aufstieg über die Treppen, dafür hat man unterwegs einen schönen Blick auf den gigantischen Museumsbau, der seit 1910 am äußersten Rand einer Steilklippe auf gewaltigen Unterbauten thront. Auf halbem Weg bietet sich überdies Gelegenheit, die **Monte-Carlo-Story** anzugucken, eine 35-minütige, mehrsprachige Multivisionsshow über die bewegte Geschichte des Fürstentums. Vor dem Museumseingang wartet die **Touristenbahn »Azur Express«** auf Fahrgäste, die sie zum Kasino und zurück kutschiert.

DER HERRSCHERFAMILIE GANZ NAH

Über die Avenue St-Martin geht es hoch zur Kathedrale. Beschaulicher ist der Weg durch die Jardins de St-Martin, einen kleinen Park mit exotischen Pflanzen, Springbrunnen und einer Aussichtsterrasse. Am Ausgang des Parks steht man unvermittelt vor dem mächtigen Gotteshaus, an dessen weißer Fassade sich das Sonnenlicht bricht. Die neoromanische **Kathedrale** ist die letzte Ruhestätte der Grimaldis. Auch Gracia Patricia liegt hier begraben. Ehrfürchtig ziehen Touristen am Grab der Fürstin vorbei, die 1982 bei einem Autounfall ums Leben kam. Stets liegen frische Blumen auf der Grabplatte der Frau, die viel zum Mythos Monaco beitrug und von ihren Bewunderern fast wie eine Heilige verehrt wird.

Das Fürstenschloss ist eine der Hauptattraktionen Monacos

Wo die Puppen tanzen

Monacos kuriosestes Museum zeigt Hunderte von Puppen, Puppenhäusern und Spielautomaten aus dem 19. Jahrhundert. Die nostalgischen Spielzeuge werden mehrmals täglich aufgezogen (15.30-17.30 Uhr) und bewegen sich dann im Kreis, tanzen, musizieren ... Im Rosengarten sind Skulpturen u.a. von Rodin anzuschauen. Musée de Pupées et Automates, Av Princesse Grace 17, 98030 Monaco, Tel. 377 93 30 91 26. Tägl. 10-12.15 u. 14.30-18.30 Uhr, Sep-April nur 14.30-18.30 Uhr. Eintritt: Erw. FF 30, Kinder FF 20.

Verwinkelte Altstadtgassen führen weiter zum Palast. Am Wegesrand liegen schattige Plätze mit Restaurant-Terrassen, Souvenirläden (die fast alle knallrote Ferrari-Rennanzüge für Kinder feilbieten) und ein **Wachsfiguren-Kabinett,** in dem man der Herrscherfamilie ganz nah ist. Dann der **Fürstenpalast.** Man kommt sich vor wie im Freilichtmuseum: Ein blitzblanker Vorplatz mit bronzenen Kanonen, fein säuberlich aufgestapelten Kugelpyramiden und den Wachhäuschen der fürstlichen Garde mit ihren schneeweißen Uniformen. Die traditionelle Wachablösung, die jeden Tag Punkt 11.55 Uhr stattfindet, ist ein beliebtes Fotomotiv. Einige Prunkräume des mit Türmchen verzierten Operetten-Palastes können besichtigt werden, es sei denn, auf dem Tour Ste-Marie weht die Grimaldi-Fahne. Dann ist der Fürst zu Hause und möchte seine Ruhe haben. Solche Einschränkungen gelten nicht für das Palastmuseum mit Ausstellungsstücken zur monegassischen Geschichte, Dokumenten aus Napoleons Tagen, einer Briefmarkensammlung und Gesteinsproben vom Mond (!).

Der Park am Casino ist eine exotische Oase mitten in der Stadt

NICHTS GEHT MEHR

Natürlich können Sie zu Fuß vom Ozeanografischen Museum nach Monte Carlo gehen. Weniger stressig ist es aber, von dort mit dem Wagen in die Tiefgarage unterm Kasinoplatz zu düsen. Oben treffen Sie dann unvermittelt auf das mondäne Belle-Époque-Ensemble der Place du Casino. Was für ein Bild: Links das noble Café de Paris, in dem sich auch englische Adlige (allen voran Eduard VII.) gern zum Drink niederließen. Rechts das Hôtel de Paris, in dessen Betten so ziemlich alles lag, was Rang und Namen hat – und das mit Alain Ducasses »Louis XV«, eines der besten Restaurants Frankreichs besitzt. Dann das schönste **Spielkasino** der Welt. Charles Garnier, seines Zeichens auch Architekt der Pariser Oper, hat den überladenen Prachtbau zwischen 1877 und 1879 errichtet und brachte im gleichen Gebäude auch noch die Oper (Salle Garnier) unter. Die pompöse Eingangshalle mit Marmorböden und 28 ionischen Säulen führt zu prächtigen Spielsälen, in denen man sich zu Roulette, Trente-et-Quarante und Baccarat trifft. Touristenauflauf, einarmige Banditen und Ferraris im Dutzend sind zwar etwas ernüchternd, aber manchmal legt sich ein fast nostalgischer Hauch von Glamour über den Ort - etwa, wenn eine dieser Chanel-Damen mit Schoßhündchen unterm Arm aus dem Rolls-Royce steigt und ins Kasino schwebt ...

FEST FÜR DIE SINNE

Nun heißt es, Abschied nehmen, um ein bisschen frische (Höhen-)Luft zu schnuppern - am besten in **Èze-Village,** dem höchstgelegenen Bergdorf (Village perché) der Côte d'Azur. Der mittelalterliche Ort, den man durch ein Tor aus dem 14. Jahrhundert betritt, klebt 427 Meter hoch auf einem Felskegel über dem Meer. Der Panoramablick ist grandios. Und noch besser. Im Labyrinth der verwinkelten Gassen mit ihren eng aneinander geschmiegten, blumengeschmückten Hutzel-Häuschen kann man toll Verstecken spielen - wer findet die goldene Ziege, hinter der sich das Chèvre d'Or verbirgt, ein erstklassiges Hotel-Restaurant?
Beim Bummel durch das Felsennest stoßen Sie fast automatisch auf das Château Eza, die einstige Sommerresidenz eines schwedischen Prinzen, heute ein nobles Hotel-Restaurant. Gehen Sie mal auf die Restaurant-Terrasse - der Fernblick ist überwältigend. Èze war schon immer ein Fest für die Sinne - und große Geister fanden hier die erhoffte Inspiration. So kam Friedrich Nietzsche in Èze die zündende Idee für den dritten Teil seines Buches »Also sprach Zarathustra«. Nach dem deutschen Philosophen wurde auch ein steiler Spazierweg nach Èze-Bord-sur-Mer (ca. 1 Std.) benannt. Vorschlag: Einer fährt mit dem Auto zum Strand, die anderen wandern zu Fuß hinab. Hier kann man den Tag am Strand gemütlich ausklingen lassen.

Schiffsbau im Wandel der Zeit

Abseits der Touristenströme, in Fontvieille, gibt es viel zu sehen. Außer dem Oldtimermuseum (siehe Seite 136) zieht das Marinemuseum kleine und große Schiffsfans in seinen Bann. Es zeigt 180 Schiffsmodelle, antike Galeeren, aber auch einen fünf Meter langen Nachbau des Flugzeugträgers Nimitz. Musée Naval, Les Terrasses de Fontvieille, 98030 Monaco, Tel. 377 92 05 28 48. Tägl. 10-18 Uhr. Eintritt: Erw. FF 25, Kinder FF 15.

Office du Tourisme, Bd des Moulins 2a, Monte Carlo, Tel. 04 93 30 87 01.
Monte-Carlo Story/L'histoire d'une Dynastie, Terrasses du Parking du Chemin des Pêcheurs, 98030 Monaco, Tel. 377 93 25 32 33. Tägl. 11-18, Nov-Feb 14-17 Uhr, Juli u. Aug 11-18 Uhr. Eintritt: Erw. FF 38, Kinder FF 18.
Touristenbahn »Azur Express«, Erw. und Kinder ab 5 Jahren FF 37.
Cathédrale de Monaco (Kathedrale), Rue Colonel Bellando de Castro 4, 98030 Monaco, Tel. 377 93 30 87 70. Eintritt frei.
Historial des Princes de Monaco (Wachsfigurenkabinett), Rue Basse 27, 98030 Monaco, Tel. 377 93 30 39 05. Tägl. 9.30-18 Uhr, Nov-Jan 10.30-17 Uhr. Eintritt: Erw FF 22, Kinder FF 12.
Palais du Prince (Fürstenpalast), Palace du Palais, 98030 Monaco, Tel. 377 93 25 18 31. Besichtigung Juni-Sep tägl 9.30-18.30 Uhr, Okt 10-17 Uhr, Wachablösung tägl. 11.55 Uhr. Eintritt: Erw FF 30, Kinder FF 15.
Für das **Musée Napoléonien et des Archives Monegasques (Palastmuseum)** gelten die gleichen Öffnungszeiten. Zusätzlich Dez-Mai Di-So 10.30-12.30 u. 14-17 Uhr. Eintritt: Erw FF 20, Kinder FF 10.
Grand Casino Monte Carlo (Spielcasino), Place du Casino, 98030 Monaco, Tel. 377 92 16 20 00. Europäische Salons ab 14 Uhr (Eintritt: FF 50), Privatsalons ab 15 Uhr (Eintritt: FF 100). Einlass erst ab 21 Jahren.

Die tollsten Attraktionen für Kinder

Auf den Spuren der Römer – Nîmes

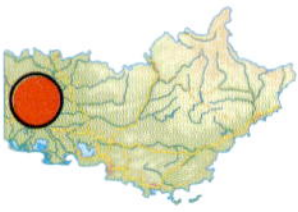

Da sage noch einer, antike Tempel und Theater seien nichts für Kinder. Spätestens seit Asterix und Obelix und seit Publikumsknallern wie »Der Gladiator« wissen die Kids, wie's zuging im alten Rom - und in den römischen Provinzen. Im Amphitheater von Nîmes können sie sich selbst wie kleine Gladiatoren fühlen. Mit 25.000 Sitzplätzen ist es das größte Amphitheater der Antike, 70 n. Chr. errichtet. Also, nichts wie rein! Die Erkundung ist abenteuerlich. Man spürt regelrecht den Hauch vergangener Zeiten. Und mit etwas Vorstellungskraft ist in den alten Gemäuern noch heute das Klirren der Gladiatorenschwerter und das Brüllen der Löwen zu hören. Bis ins 6. Jahrhundert fanden hier Gladiatorenkämpfe statt. In späteren Zeiten diente die Arena als Burg, Steinbruch und Dorf. Heute ist das Amphitheater von Nîmes Austragungsort von Stierkämpfen.

Zweiter bedeutender Bau der Stadt aus Römerzeit ist die Maison Carée. Der Tempel mit seinen zarten korinthischen Säulen ist trotz vielfacher Zweckentfremdungen (u.a. als Pferdestall, Kirche, Tagungsort und Museum) bestens erhalten. Das Bauwerk wurde im 1. Jahrhundert v. Chr. zu Ehren von Lucius und Caius, den Enkeln von Kaiser Augustus, errichtet – tja, früher bekam man eben keine Spielzeugautos vom Opa geschenkt ...

Der Pont du Gard: ein Meisterwerk römischer Ingenieurskunst

Orange – die schönste Mauer des Königreichs

Von einer mehr als drei Kilometer langen Stadtmauer geschützt, war das antike Orange eine der prachtvollsten Städte in der Provinz Gallia Narbonensis. Römische Baumeister haben hier einen dreitorigen Triumphbogen mit römischen Soldaten und nackten Galliern im Relief und das Römische Theater, das zweifellos zu den besterhaltenen Bauwerken der Antike gezählt werden darf, hinterlassen. In der Arena finden allsommerlich die berühmten Festspiele statt (siehe Seite 143). Als Prachtkulisse dient die 103 Meter lange und 37 Meter hohe Bühnenrückwand mit dem Standbild von Kaiser Augustus – die Sonnenkönig Ludwig XIV. als »schönste Mauer meines Königreiches« bezeichnet haben soll.

PONT DU GARD – WIE SCHAFFTEN DIE DAS BLOSS?

Die Hitliste der antiken Highlights, die die Römer in der Provence hinterlassen haben, geht aber noch weiter. So kann Nachhilfe in Geschichte äußerst spannend sein. Wenige Kilometer nördlich von Nîmes wartet der Pont du Gard – eines der Weltwunder der Antike – auf kleine Römerfans. Knapp 50 Meter hoch und 275 Meter lang spannt sich das wuchtig-elegante Meisterwerk römischer Ingenieurkunst in drei Stockwerken über den Gardon-Fluss. Das hervorragend erhaltene Bauwerk ist Teil einer Wasserleitung, die Frischwasser von der Eure-Quelle bis nach Nîmes brachte. Es müssen geniale Baumeister gewesen sein, die die sechs Tonnen schweren Steinquader ohne Mörtel zusammengefügt haben. Und wie schafften sie es bloß, täglich 20.000 Kubikmeter lebenswichtiges Nass mit einem minimalen Gefälle von nur 12 Metern über 50 Kilometer zu leiten?

Fahrräder – total verrückt

Ziemlich abgefahrene Vehikel sieht man im Musée du Velo et de la Moto in der Nähe des Pont du Gard. Ausgestellt werden zum Beispiel nostalgische Hochräder und total verrückte Fahrräder mit Düsenantrieb – für große und kleine Zweiradfans ist dieses in Frankreich einzigartige Museum der absolute Hit. Musée du Velo et de la Moto, Rond Point du Pont du Gard, 30210 Castillon, Tel. 04 66 37 30 64. Tägl. 10-12 u. 14.30-18.30 Uhr. Eintritt: Erw. FF 30, Kinder FF 15.

KANUFAHREN UNTERM AQUÄDUKT

Der Pont du Gard, von der Unesco-Liste als Welterbe geschützt, zählt zu den beliebtesten südfranzösischen Denkmälern. Jährlich zieht die formschöne Arkadenkonstruktion 1,2 Millionen Touristen an. Kein Wunder, ist der Ort doch geradezu prädestiniert als Ausflugsziel für Familien, die hier nicht nur über den Aquädukt schlendern, sondern auch Kanu fahren oder am Ufer des kühlen Flusses picknicken können. Und von hier unten hat man auch den schönsten Blick auf das Bauwerk – das übrigens kostenlos besichtigt werden kann. Parken ist dafür gebührenpflichtig.

Nîmes, Amphitheater, Rue de la Libération, tägl. 9-19 Uhr.
Nîmes, Maison Carée, Rue Auguste 6, direkt neben dem Touristenbüro.

Die Falkner von Beaucaire zeigen beeindruckende Kunststücke

Die Raubvogelschau von Beaucaire – Les Aigles de Beaucaire

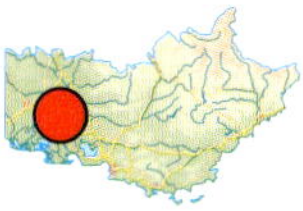

Gegenüber von Tarascon thront das Château de Beaucaire. Die Ruinen der mittelalterlichen Burg sind Schauplatz der mitreißenden Raubvogel-Show »Les Aigles de Beaucaire«. Dabei zeigt eine Handvoll Frauen und Männer in römischen Gewändern, was man mit frei fliegenden Adlern, Geiern und Falken anstellen kann, wenn sie gut dressiert sind. Die Raubvögel kreisen über den Türmen, hocken auf den Zinnen der Burgmauern und stürzen sich auf die Lederhandschuhe ihrer Trainer. Auch mit dem Publikum wird allerlei Schabernack getrieben. Nicht wundern, wenn plötzlich ein Adler zum Greifen nah auf Ihrer Schulter sitzt. Zum Schluss werden die Kinder in die Arena gebeten. Sie setzen sich auf den Boden, dann kommt ein Geier angeflogen und läuft über die ausgestreckten Beine der Kleinen. Die beschwingte, musikalisch untermalte und lauthals kommentierte Tiershow sollte man sich auf keinen Fall entgehen lassen - der absloute Knaller für Groß und Klein.

Les Aigles de Beaucaire, Rue de Courrier 11, B.P. 22, 30301 Beaucaire, Tel. 04 66 59 26 72. Vorführungen: März, Sep, Okt, Nov 14.30, 15.30, 16.30 Uhr, April-Juni 14, 15, 16, 17 Uhr, Juli/Aug 15, 16, 17, 18 Uhr (Mi keine Shows). Eintritt: Erw. FF 45, Kinder FF 28.

Kraxeln auf Steinschleuder und Katapult – Château des Baux

Hoch oben auf einem Felsplateau in den Alpilles thront das mittelalterliche Örtchen Les Baux mit einer der schönsten Ruinen Frankreichs - dem Château des Baux. Die Burg zählt zu den größten Touristenattraktionen der Provence. Während sie früher von Ritterhorden belagert wurde, sind es heute über eine Million Touristen, die den kargen Felsen jedes Jahr im Sturm erobern.
Am Parkplatz direkt vor dem Ortseingang führt kein Weg vorbei. Nachdem man hier FF 20 abgedrückt hat, geht es durch ein mächtiges Tor in die Rue du Château, die durch die restaurierte Unterstadt hinauf zur Ruine führt. Am

L'Oustaùde Baumanière

Gourmetlokal mit atemberaubendem Blick über Les Baux. Das Rezept des Erfolges: Sterne-Koch Jean-André Charial verfeinert einfache, traditionelle provenzalische Gerichte absolut virtuos. Köstlich sind z.B. die Lammspezialitäten. Auch der Weinkeller lässt keine Wünsche offen. Sehr feudal - ideal als Überraschung für besondere Anlässe. Tipp: Man kann in dem einzigartigen Luxus-Gehöft auch übernachten. Val d'Enfer, 13520 Les Baux, Tel. 04 90 54 52 27.

Les Baux: friedliche Nutzung eines Katapults

Weg durch winklige Gassen liegen kleine Häuschen, lauschige Plätze, Kirchen, Kapellen und unsäglich viele Souvenirshops, Bistros und Cafés. Das 900 Meter lange und 200 Meter breite Hochplateau bietet eine grandiose Aussicht - und es geht steil bergab: Hier also schubsten die Burgherren früher ihre Gefangenen in den Abgrund. Die Kinder werden sich vor allem für die hölzernen Katapulte, Steinschleudern und Rammböcke interessieren, die auf der Felsnase verstreut sind - allesamt interessante Kletterobjekte und super Spielgeräte für fantasiebegabte Kids. Ansonsten kann man eine Handvoll Ruinen über einen wackeligen Klettersteig erkunden und prima Ritter spielen.

Raue Zeiten

Im 10. Jahrhundert ließen sich machtgierige Seigneurs in Les Baux nieder. Die rafften und raubten, bis sie 79 Burgen und Dörfer unter ihren Fittichen hatten. Nach getaner Arbeit wandte man sich friedlicheren Beschäftigungen zu. Im 13. Jahrhundert gaben die Troubadoure den Ton an. Mit romantischen Melodeien versuchten sie die Herzen der Burgfräuleins zu erweichen. Wichtigste Spielregel: Die Damen (in der Regel Gattinnen der Vorgesetzten) durften niemals nachgeben, sonst wäre Troubadix im Verlies gelandet.

Monster-Tempel

1821 entdeckten Geologen bei Les Baux ein rötliches Erz. Man nannte das Mineral, aus dem Aluminium gewonnen wurde, Bauxit und baute es in gewaltigen Steinbrüchen ab. Einer wurde zur »Cathedrale d'Images« umgewandelt. Hier werden von sphärischer Musik untermalte Monster des Comiczeichners Philippe Druillet auf die Wände projiziert - ganz schön gruselig. Cathedrale d'Images. Direkt bei Les Baux (ausgeschildert), Tel. 04 90 54 38 65. April-Sep tägl. 10-19, Okt-Jan 10-18 Uhr. Eintritt: FF 43.

Château des Baux, Tel. 04 90 54 55 56. März-Okt tägl. 9-19.30, Nov-Feb 9-18 Uhr. Eintritt: Erwachsene FF 37, Kinder FF 20. **Anfahrt:** Von St-Remy-de-Provence D 5, dann rechts Richtung Les Baux. Von Arles über die D 17.

Ab in die Höhle – Grottes de Thouzon

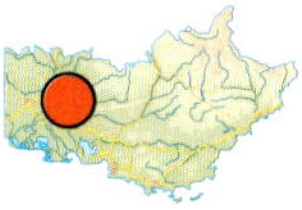

Südfrankreich besitzt einige der interessantesten Höhlen des Landes. Leider sind viele für die Allgemeinheit nicht zugänglich, sondern professionellen Höhlenforschern vorbehalten. Die **Grotte von Thouzon (Grottes de Thouzon)** östlich von Avignon darf aber jeder betreten. Sie wurde Anfang des Jahrhunderts entdeckt und ist eine Naturschönheit ohnegleichen. Ein unterirdischer Fluss grub Gänge und hinterließ seine Spuren auf den Felsen. Besucher können die Höhle alle 30 Minuten im Rahmen einer Führung erkunden. Der Rundgang führt in 45 Minuten durch 60 Millionen Jahre Erdgeschichte. Man wandert am unterirdischen Fluss entlang und staunt über eine bizarre Wunderwelt aus schönen Versteinerungen und Stalaktiten. Keine Sorge: Die Gänge sind leicht begehbar – also auch mit kleineren Kindern gefahrlos zu entdecken.

Grottes de Thouzon, Tel. 04 90 33 93 65. März tägl. 14-18 Uhr, April-Okt 10-12 u. 14-18 Uhr, Juli/Aug 10-19, Nov 14-18 Uhr. Eintritt: Erwachsene FF 50, Kinder FF 25.
Anfahrt: N 100 bis Thor, zwei Kilometer nördlich des Ortes.

Bizarre Höhlenwelt

Auch bei St-Vallier-de-Thiery, zehn Autominuten von Grasse entfernt, gibt es spektakuläre Höhlensysteme. Über die D 5 gelangt man zur Grottes de Baume Obscure, im Westen des Ortes. Mit unterirdischem Fluss, fluoreszierenden Wasserfällen und wunderschönen Stalaktiten ist sie sicher eine der dekorativsten Höhlen der Gegend. Ein 700 Meter langer Weg führt durch die bizarren Kammern dieses lyrischen Märchenlandes. Regelmäßig werden Führungen angeboten.

Grottes de Baume Obscure, Tel. 04 93 42 61 63, bei St-Vallier-de-Thiery, D 5. Okt-April tägl. 10-17 Uhr, Mai, Juni, Sep am Wochenende bis 19 Uhr, Juli/Aug 10-19 Uhr. Eintritt: Erw. FF 50, Kinder (4-12 Jahre) FF 25.

Ein Zoo am Château – Zoo de la Barben

Es gibt jede Menge Tierparks in Südfrankreich. Aber keiner ist so schön und familienfreundlich wie der Zoo de la Barben. Das weitläufige Tiergehege (33 Hektar) liegt östlich von Salon-de-Provence hoch oben auf einem Felsplateau mit weitem Blick über die Garrigue-Landschaft. Die Szenerie ist irgendwie schräg. Eigentlich vermutet man hier oben höchstens Geckos und Zikaden, stattdessen ist im Herzen der Provence die gesamte Arche Noah versammelt.
Die Ouvertüre spielt an der Kasse. Hier befindet sich ein düsterer Raum mit Krokodilen, Pythons und sonstigen Reptilien. Der eigentliche Zoo liegt auf der

Ein Märchenschloss

Das Château de la Barben ist ein Schloss wie aus dem Bilderbuch mit märchenhaftem Lustgarten, mächtigen Toren und trutzigen Wehrtürmen. Die Anlage wurde um 1000 errichtet und war früher Wohnsitz des Königs René. Auch Pauline Borghese, eine Schwester Napoléons, hat hier einst gelebt. Die prächtigen Zimmer können im Rahmen einer Führung besichtigt werden. Château de la Barben, Tel. 04 90 55 25 41. Tägl. außer Di 10-12 u. 14-18 Uhr. Eintritt: Erw. FF 40, Kinder FF 20.

anderen Straßenseite. Durch eine Drehtür kommt man auf Knopfdruck hinein. Halten Sie sich links, dann gelangen Sie zum »Bahnhof« des Petit train. Mit ihm kann man das Gehege am bequemsten erkunden. Spannender ist allerdings eine Tour per pedes. Zuerst blicken die Besucher mächtigen Braunbären ganz tief in die Augen. Meister Petz ist meistens ziemlich gelangweilt, also geht es über viele steile Steintreppen hoch zu den Nashörnern. Die gewaltigen Tiere, die in le Barben auch gezüchtet werden, können sich in ihrem Riesengehege so richtig austoben. Nächste Station sind die Strauße, die besonders neugierig sind. Im weiteren Verlauf folgen Hunderte von Tieren: Giraffen, Zebras, Affen, Elefanten, Nilpferde, Löwen und Tiger, die sich im herrlich angelegten Steilgehege mit Felsen, Büschen und Bach sichtlich wohl fühlen. Wenig typisch für die Fauna Südfrankreichs ist auch die Bisonherde, die kleine Buffalo Bills von einem Podest gefahrlos beobachten können.

PICKNICK IM OLIVENHAIN

Nach der Safari (oder mittendrin) ist die Zeit reif für ein zünftiges Familienpicknick. Kein Platz wäre dazu besser

Im Zoo von le Barben: Neugierig beäugen sich Strauße und Besucher

Ganz gelassen nehmen dagegen die Nashörner den Trubel um sich herum

geeignet als der lauschige Olivenhain in der Mitte des Zoos. Wer seine Decke nicht auf dem Boden ausbreiten möchte, kann an rustikalen Holztischen Platz nehmen. Es ist an alles gedacht - auch Abfalleimer stehen in genügender Zahl zur Verfügung. Im Schatten der Bäume vergisst man die Zeit, ab und zu stakst ein Pfau vorbei und schlägt ein Rad. Die Kinder sind bestens versorgt. Denn direkt am Picknickplatz befindet sich ein großer Spielplatz mit Sandkästen und fantasievollen Spielgeräten. Der Hit sind die Schiffsschaukel und ein überdimensionales Hamsterrad, in dem Zweibeiner kräftig durchgeschüttelt werden. Alternative zum Picknick: Direkt am Zoo befindet sich das Restaurant »La Ferme du Château«, das provenzalische Spezialitäten auftischt (Tel. 04 90 55 24 05).

Das Dorf der Puppen

Wer nach dem Zoobesuch nach Aix zum Einkaufen fährt, passiert kämpfende Dinosaurier, einen gefesselten Gulliver und Moby Dick. Im Village des Automates, dem »bewegenden« Dorf, trifft man auf Pinocchio, Aladin und 500 weitere altbekannte Märchengestalten. Außerdem Picknickmöglichkeiten und Spielplätze. Village des Automates. R 7, St-Cannat, Tel. 04 42 57 30 30. April-Sep tägl. 10-18 u. Okt-März 10-17 Uhr. Eintritt: Erw. FF 45, Kinder FF 25.

Zoo de la Barben, 13330 La Barben, Tel. 04 90 55 19 12. Tägl. 10-18 Uhr. Eintritt: Erwachsene FF 55, Kinder FF 25. **Anfahrt:** sechs Kilometer östlich von Salon-de-Provence an der D 572 zwischen Pélissanne und St-Cannat.

Eroberung eines Riesen: der Mont Ventoux

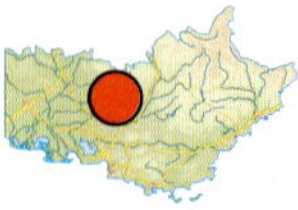

Die Eroberung des »Riesen der Provence«, des Mont Ventoux, mit 1.909 Metern höchster Berg zwischen Alpen und Pyrenäen, ist für Groß und Klein Höhepunkt jeder Provence-Tour. Am bequemsten stürmt man den Gipfel mit dem Auto (ca. eine Stunde). Klassischer Ausgangspunkt der Tour ist das Örtchen Malaucène. Von hier führt die D 974 direkt auf den Gipfel. Je höher man kommt, desto schöner wird die Aussicht. Nach rund 15 Kilometern zweigt links eine Straße zum Aussichtspunkt Le Contrat ab, rechts geht es weiter zum Gipfel. Während man unten noch auf Koniferen gesehen hat, wird es weiter oben kahl und karg. In Serpentinen geht es den Hang hinauf bis zum Col de Têmpetes, dem Sturmhügel. Das ist wörtlich gemeint, denn oben auf der kahlen Kuppe wohnt der Wind. Bei Mistral fegt er mit Geschwindigkeiten von über 200 Stundenkilometern über die Schotterwüste. Observatorium, Sendemasten und Radarstation markieren den Gipfel, der sich gern in Nebel hüllt. Aber mit etwas Glück zeigen sich von der Aussichtsplattform Alpen, Pyrenäen und Mittelmeer in schönsten Farben. Tipp: Auf dem Gipfel ist es mindestens zehn Grad kühler als im Tal. Und nicht selten fällt noch Schnee, wenn im Tal schon die ersten Blumen blühen. Also: auf diesem Ausflug unbedingt einen dicken Pullover dabei haben.

Pfefferminzbonbons und eine alte Apotheke

Vom Mont Ventoux führt die D 164 durch die wildromantische Schlucht der Nesque nach Carpentras. Hier erwarten die Kathedrale St-Siffrein, eine Apotheke (17. Jh.) mit wunderschönen Fayencen und verführerische Süßigkeitenläden die Besucher. Besonders zu empfehlen: die Pfefferminzbonbons. Und wer freitags (früh) kommt, erlebt einen der schönsten Märkte der Provence. Apotheke, Place Aristide Briand, 84200 Carpentras, Tel. 04 90 63 80 00. Mo, Mi, Do 9-11.30 Uhr. Eintritt: Erw. FF 8, Kinder frei.

Beim Grafen von Monte Christo – Château d'If

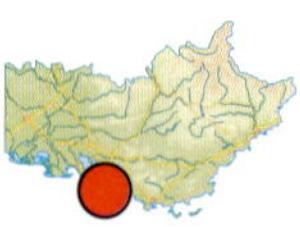

Fast jedes Kind kennt die Geschichte des Grafen von Monte Christo. Sie erzählt das Leben von Edmond Dantès, einem Steuermann, der im 19. Jahrhundert als Bonapartist (Anhänger Napoléons) denunziert und auf der Insel If in der Bucht von Marseille eingekerkert wurde. Dem Gefangenen gelingt eine spektakuläre Flucht zur Schmugglerinsel Monte Christo, wo er zu unermesslichen Reichtümern kommt. Als Graf von Monte Christo kehrt Edmond Dantès in die Gesellschaft zurück und nimmt mithilfe seiner enormen Schätze grausame Rache.
Der Graf existierte nur in der Fantasie des französischen Schriftstellers Alexandre Dumas (1802-1870). Aber das Gefängnis, in dem der Held des 1845 erschienenen Romans eingesessen hat, gibt es wirklich. 1524 wurde die Festung

Hinter diesen Mauern schmachtete der Graf von Monte Christo viele Jahre lang

unter François I. auf der drei Hektar kleinen Felseninsel If errichtet, um Marseille von der Seeseite her zu schützen. Wenig später wurde sie zum Staatsgefängnis umfunktioniert, in dem vor allem politische Gefangene und Hugenotten ihr kärgliches Dasein fristeten. Das Château d'If ist heute ein Museum und kann im Rahmen einer Führung besichtigt werden. Für größere Kinder, die den Roman gelesen oder eine Verfilmung gesehen haben, ist es ein tolles Erlebnis, auf den Spuren des Grafen durch das Schloss mit all seinen Räumen und Gewölben zu streifen – Gänsehaut garantiert.

Château d'If, Quai des Belges, 13001 Marseille, Tel. 04 91 59 02 30. April-Sep tägl. 9.30-18.30 Uhr, Okt-März Di-So 9.30-17.30 Uhr. Eintritt: Erw. FF 50, Kinder (bis 5 Jahre) FF 25. Regelmäßige Fährverbindungen vom Vieux Port in Marseille (Quai des Belges). Die Überfahrt dauert 15 Min., Fährverbindungen tägl. 9, 10.30, 12, 14, 15.30 und 17 Uhr. Kosten FF 50, Eintritt (Schloss): Erw. FF 25, Kinder frei.

Le Petit Nice

In der weißen Villa am Meer trifft man sich bei schönem Wetter auf der Terrasse und schlemmt erstklassige Fischgerichte, die Meisterkoch Gérard Passédat auftischt. Empfehlenswert sind die Bouillabaisse und das Menü (ca. FF 300). Danach ist man bestens gestärkt für einen Ausflug zum Château d'If. Corniche John F. Kennedy, Anse de Maldormé, 13000 Marseille, Tel. 04 91 59 25 92. Sa mittags und So geschlossen. Unbedingt reservieren.

Abenteuer im Parc Naturel Régional du Lubéron

Das Lubéron-Gebirge ist wie geschaffen für interessante Entdeckungstouren kleiner (und großer) Naturfans, die hier auf dem Ocker-Lehrpfad, im Freilichtmuseum und dem Waldlehrpfad tief in die Geheimnisse der Natur eindringen. 1977 wurde das gesamte, 160.000 Hektar große Areal als Parc Naturel Régional du Lubéron unter Naturschutz gestellt (siehe Seite 147).

AUF DEM OCKER-LEHRPFAD

Beginnen Sie mit dem Ocker-Lehrpfad bei Roussillon. Roussillon liegt inmitten der größten Ockervorkommen der Welt. Felsen, Mauern, Portale, Häuser und Türme – alles leuchtet in warmem Ocker. Die Farbe, die hier in 17 Nuancen vorkommt, ist allgegenwärtig – auch in den Herzen der Menschen, die bis ins 20. Jahrhundert mit dem begehrten Farbrohstoff ihren Lebensunterhalt verdienten. Ocker machte Roussillon berühmt. Schon die Römer haben mit dem Eisenerz ihre Togen gefärbt. Dann, ab Mitte des 18. Jahrhunderts, wurde Ocker in Stollen und im Tagebau gezielt abgebaut. Das Ende dieser Ocker-Ära kam mit der Entdeckung der synthetischen Farbpigmente.

Ein grandioser Lehrpfad führt mitten durch die flammend leuchtenden Ockersteinbrüche. Highlights des »Sentier des Ocres«, für dessen Besichtigung man eine gute Stunde einplanen sollte, sind die Steinbrüche, in denen man herrlich herumstrolchen und im (Ocker-)Sand spielen kann – der absolute Hit!

Das Ockermassiv steht unter Naturschutz und die Mitnahme von Ockersand ist verboten. Aber man kann den Farbstoff in kleinen Beutelchen in den Läden von Roussillon kaufen.

IM FREILICHTMUSEUM

Nächste Station im Lubéron-Gebirge ist Gordes und das **Village des Bories,** etwas außerhalb des Ortes. Ein schmaler, von hohen Steinwällen begrenzter Weg führt direkt vor das Freilichtmuseum (bloß nicht den Parkplatz an der Straße nehmen – sehr weit weg). Hier steht ein restauriertes Dorf mit Steinhütten, die aussehen wie riesige Bienenkörbe und aus losen Steinen ohne Mörtel zusammengefügt wurden. Solche Bories, die früher den Schäfern und Bauern Schutz boten, sind im gesamten Lubéron verstreut. Es macht großen Spaß, die Hütten zu erkunden. Und obwohl sie auf den ersten Blick ziemlich kahl und abweisend wirken, sind sie innen tatsächlich gemütlich. Außer einem Blick in die gute Stube kann man hier Schafställe und Vorratslager besichtigen. Wer noch mehr Ocker sehen möchte: östlich von Apt befindet sich ein zweiter Ockersteinbruch, der Colorado von Rustrel.

Die Waldenser

Ein dunkles Kapitel der provenzalischen Geschichte ist die Verfolgung der Waldenser. Die Sekte, die Armut predigte und kirchlichen Pomp ablehnte, ließ sich im 14. Jahrhundert im Lubéron nieder. Als Ketzer verfolgt, wurden sie 1545 mit dem Segen von König und Kirche in einem fünftägigen Vernichtungsfeldzug niedergemetzelt. In Mérindol informiert das Museum La Muse über ihre bewegte Geschichte. La Muse, 26170 Mérindol, Tel. 04 90 72 88 50. Geöffnet nur Mi vormittags und Sa nachmittags. Eintritt frei.

So macht Lernen Spaß: Kids auf dem Sentier des Ocres

Die Abtei von Sénanque, eines der meistfotografierten Provence-Motive

Zu Besuch bei den Zisterziensern

Nicht weit vom Village des Bories befindet sich die Abbaye de Sénanque. Das berühmte Zisterzienserkloster (12. Jh.) liegt hinter einem ausgedehnten Lavendelfeld im Tal der Senancole und ist eines der klassischen Fotomotive der Provence. Die Kirche beeindruckt durcht die Schlichtheit der Formen. Unbedingt sehenswert! Abbaye de Sénanque, D 177, gut beschildert, Tel. 04 90 72 05 72. Tägl. 10-12 u. 14-18 Uhr. Eintritt: FF 30.

WIE WIRD EIGENTLICH BROT GEMACHT?

Im schön gelegenen Künstlerort Bonnieux wird das Musée de la Boulangerie kleine Süßmäuler interessieren. Das Bäckereimuseum informiert sehr anschaulich über die Entwicklung des Weizenanbaus im Laufe der Jahrhunderte und die einzelnen Arbeitsschritte des Brotbackens. Es gibt auch einen alten Backofen. Direkt gegenüber befindet sich die Pâtisserie Henri Thomas. Hier kann man sich mit den köstlichsten Leckereien für ein Picknick im nahen Zedernwald eindecken. Mitten durch den Wald führt die Route forestière. Auf diesem Naturlehrpfad erfahren kleine und große Entdecker Wissenswertes über die typischen Pflanzen des Lubéron. Außerdem bietet sich ein sehr schöner Ausblick. Für den Weg sollte man etwa zwei Stunden einplanen.

Ocker-Lehrpfad, Sentier des Ocres, Conservatoire des Ocres et Pigments appliqués, Tel. 04 90 05 66 69. Anfahrt: an der D 104 Richtung Apt.
Village des Bories, Tel. 04 90 72 03 48. Tägl. 9 Uhr bis Sonnenuntergang. Eintritt: Erw. FF 30, Kinder FF 25.
Musée de la Boulangerie, Rue de la République, 84480 Bonnieux, Tel. 04 90 75 88 34. Tägl. 10-12.30 und 13.30-18 Uhr. Eintritt: Erw. FF 20, Kinder FF 10, Kinder unter 12 Jahren frei.

Der Mann mit der eisernen Maske – Ile St-Honorat und Ile Ste-Marguerite

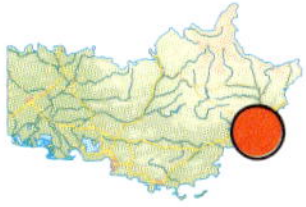

Abenteuer-Storys halten auch die vor Cannes gelegenen Iles de Lérins parat, die aus der Ile St-Honorat und der Ile Ste-Marguerite bestehen. Die kleinere Ile St-Honorat blickt auf eine große Vergangenheit zurück. Anfang des 5. Jahrhunderts hatte es einen gewissen Honoratius auf die nach ihm benannte Insel verschlagen. Der (später heilig gesprochene) Sohn eines römischen Konsuls aus Trier scharte eine Handvoll Gleichgesinnter um sich und gründete ein Kloster. Seine Blütezeit erlebte das Kloster Ende des 7. Jahrhunderts. Damals lebten fast 4.000 Mönche auf der Insel. Nach Überfällen durch Sarazenen und Piraten ging es mit dem Kloster bergab. Im 18. Jahrhundert wurde es aufgelöst, erst 1869 ließen sich Zisterziensermönche auf der Insel nieder und belebten die klösterliche Tradition. Interessantestes Bauwerk der Insel ist das Monastre Fortifie, eine der imposantensten Burgen der Provence. Gerade Kinder entdecken begeistert, wie die von Piraten umzingelten Mönche in dieser Festung am Meer gelebt haben.

AUSFLUG AUF DIE ILE STE-MARGUERITE

Die Nachbarinsel Ste-Marguerite bietet sich mit markierten Wanderwegen, einem kleinen See sowie schönen Stränden für einen Picknickausflug an. Das Eiland ist mit einem Netz von Wanderwegen durchzogen, außerdem führt ein sieben Kilometer langer botanischer Lehrpfad (Sentier Botanique) einmal rund um die Insel. Es duftet nach Thymian und Rosmarin. Größtes Bauwerk der Ile Ste-Marguerite ist das unter Kardinal Richelieu (1585-1642) erbaute Fort Royal, das ab 1685 als Staatsgefängnis diente. Berühmtester Häftling war der geheimnisvolle Mann mit der eisernen Maske, dessen Identität bis heute nicht geklärt ist. Die einen vermuten, dass es sich um einen Zwillingsbruder Ludwigs XIV. handelte, andere sind der Überzeugung, dass der Gefangene ein unehelicher älterer Bruder des Sonnenkönigs war. Es gibt viele Theorien - alle verlieren sich im Dunkel der Geschichte. Sicher ist nur, dass der Masken-Mann elf Jahre in einem finsteren Verlies im Fort Royal dahinsiechte und 1698 in die Bastille nach Paris verlegt wurde, wo er am 19. November 1703 das Zeitliche segnete. Das Geheimnis um seine Person nahm er mit ins Grab. Marcel Pagnol (1895-1074) und Alexandre Dumas verarbeiteten die spannende Geschichte in ihren Romanen - kleiner Unterschied zum Grafen von Monte Christo: Die Story ist wahr. Im Fort Royal kann die Zelle des Mannes mit der Eisenmaske (die eine Samtmaske war) besichtigt werden. In der Festung befindet sich außerdem ein Meeresmuseum. Es zeigt Amphoren, Münzen und andere archäologische Unterwasserfunde, die aus römischen und sarazenischen Wracks geborgen wurden.

Iles de Lérins, Fährverbindungen: Mehrmals täglich von Cannes (aber auch von Golfe-Juan und Théoule-sur Mer), die Überfahrt dauert 15 Min. Fahrpreis zur Ile Ste-Marguerite: Erw. FF 50 (Kinder FF 30), Ile St-Honorat: FF 55/FF 35, beide Inseln: FF 80/FF 45.

Monastre Fortifie de St-Honorat, tägl. 10.15-12 u. 14-17.30, im Winter 9.30-17.30 Uhr. Eintritt frei.

Musée de la Mer (Fort Royal), Tel. 04 93 43 18 17. Juli-Sep tägl. 10.30-12.15 u. 14.15-18.30, April-Juni nachmittags bis 17.30, Okt-März bis 16.30 Uhr. Eintritt: Erw./Kinder FF 10.

Auch die Delfine scheinen bei dieser Show Spaß zu haben

Besuch bei Malou im Marineland, auf der kleinen Farm und bei den Schmetterlingen

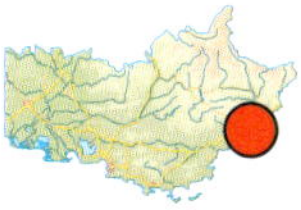

Puh, das Schlangestehen ist schon nervig. Aber das Warten lohnt sich. Jetzt sind Sie drin im Marineland, Europas größtem und ältesten Meerespark. Schnell noch einen Drink für alle und dann am Delfin-Becken einen Platz im Schatten ergattern. Die Show beginnt. Zuerst kommt kein Delfin. Nein, es ist definitiv eine fette Robbe, die sich da vor dem pastellenem Pappmaschee-Hafen an die blonde Trainerin heranschiebt – und ihr einen nassen Schmatzer auf die Wange drückt. »Iiiihhh«, rufen die Zuschauer und klopfen sich vor Freude auf die Schenkel. Dann werden sie nass gespritzt. Eine Gruppe von Delfinen flitzt durchs Bassin. Joséphine, Malou, Alizé & Co (die wissen, dass sie die Stars des Parks sind) springen im Pulk durchs Wasser, drehen sich in der Luft um die eigene Achse, tänzeln auf der Schwanzflosse, kicken Bälle ins Publikum, schnattern nach einer Fischmahlzeit und necken ihre zweibeinigen Delfin-Mamas, die als Höhepunkt der Show gemeinsam mit ihren Schützlingen durch zehn Meter hohe Reifen springen.

BESUCH BEIM ORCA

Empfohlen von Familie&Co – Die Familienzeitschrift

»Sharks!!!« warnt ein wackeliges Schild. Nichts wie rein in die dunkle Grotte. In einem Tunnel aus Glas kann man die eleganten Räuber der Meere nebst Rochen und anderen Flossentieren hautnah aus allen Perspektiven betrachten – und umgekehrt. Wer den Tieren noch näher sein möchte, stellt sich ans Tastbecken – hier können die Rochen sogar gestreichelt werden. Ansonsten schaut man bei den Seehunden oder im Aquarium mit allerlei exotischen Fischen vorbei.

Robben und Seehunde, Haie und Delfine, exotische Fische – das ist ja alles ganz nett. Aber wo sind die Giganten der Meere? Antwort: Die Orca-Wale sind umgezogen. Im Jahr 2000 hat der Meerespark den Bau eines neuen Beckens in Angriff genommen, das den Kolossen würdig ist. Der gigantische Pool fasst 44 Millionen Liter Wasser und hat eine 64 Meter lange und 4,60 Meter hohe Glasscheibe, die tiefe Einblicke in das Geschehen unter Wasser gewährt – das spektakulärste Orca-Becken der Welt. Die Orca-Shows erhalten durch das Panoramabecken eine ganz neue Dimension. Man sieht nicht nur, wie der schwarz-weiße Koloss aus dem Wasser hechtet, um einen Ball anzustupsen, man kann auch beobachten, wie er nach dem Stunt wieder abtaucht.

BERÜHMTE SCHIFFE

Dass man mit Walen nicht immer so zimperlich umgegangen ist, wird im benachbarten **Meeresmuseum** deutlich. Diese wunderbare Privatsammlung zeigt aber nicht nur Walfängerwaffen, sie ist vor allem wegen ihrer fantastischen Sammlung großer Schiffsmodelle berühmt, darunter eine Nachbildung der »Titanic« und Christoph Columbus' »Santa Maria«, die eine geduldige Natur aus 1,5 Millionen Streichhölzern zusammengebastelt hat. Antiquarische Sextanten, Schiffsglocken, Degen, Fernrohre und Gemälde mit nautischen Motiven runden die Sache ab. Unbedingt anschauen!

AUF ZU SCHMETTERLINGSWELTEN!

Rund um das Marineland gruppiert sich eine Reihe weiterer Familienparks. Beschaulich und entspannt geht es in der **Petite Ferme** zu. Auf dem kleinen

Achtung! Gänserich von hinten!

Bauernhof kann man Pony reiten, mit einer Gondel über einen verzauberten Fluss fahren, auf mehreren Spielplätzen toben, in einer Lego-Welt basteln, im Spiegelkabinett Grimassen ziehen, Theatervorführungen beklatschen und bei der Schminkschule Farbe bekennen. Neu ist der Riesenhahn »Kikeriki«, bei dem es sich um eine überdimensionale Rutschburg handelt. Im kleinen Bauernhof gibt es auch ein nettes Restaurant, in dem superfreche Gänse bis an den Tisch kommen, um etwas abzustauben.

Ganz schön schwül ist der **Dschungel der Schmetterlinge.** Die Tiere fühlen sich bei der Hitze aber offensichtlich pudelwohl. Schmetterlinge gibt es hier wirklich in allen exotischen Farben. Sie flattern durch die Luft oder hocken auf den Blättern der tropischen Pflanzen. Auch sonst ist hier für kleine Forscher einiges zu entdecken, zum Beispiel Kaimane, Leguane, Vogelspinnen, Fledermäuse und Otter, die in einem Becken putzige Spielchen treiben.

Wer eine Abkühlung braucht, steuert den **Aqua-Splash** an. Im größten Wasserpark der französischen Riviera kann man sich auf alle erdenklichen Arten in die Fluten stürzen. Zur Wahl stehen: zwölf Riesenrutschen, ein Wellenpool mit Meerwasser, ein Riesenpool, ein künstlicher Fluss und ein Babybecken. Der Hit: Auf den knallgelben Riesen-Rettungsringen steigert sich das Rutschvergnügen noch.

Zum Park gehört auch eine **Adventure-Golf-Anlage.** Unterschied zum herkömmlichen Minigolf: Zahlreiche Hindernisse erschweren auf dem abenteuerlichen Parcours das Einlochen. Die drei Pisten mit jeweils 18 Löchern sind eingebettet in ein tropisches Dekor mit Palmen, Grotten und Wasserfällen – mal was anderes.

Marineland, N 7, Antibes, Tel. 04 93 33 49 49. Tägl. 10 Uhr bis Einbruch der Dunkelheit, Delfin-Shows 11.30, 15.30, 16.30, 18 Uhr, Orca-Shows 14.30-17.30 Uhr, vom 1. Juli bis 31. Aug auch Abendshows. Die Öffnungszeiten gelten auch für die anderen Attraktionen bis auf Aqua Splash: Mitte Juni-Mitte Sep tägl 10-19 Uhr.

Eintritt: Einzeltickets: Marineland Erw. FF 147, Kinder (3-12 Jahre) FF 98; La Jungle des Papillons (Schmetterlingsdschungel): FF 46/FF 31; Adventure Golf: FF 46/FF 39; La Petite Ferme: FF 54/FF 45; Aqua Splash: FF 98/FF 82.

Kombi-Tickets: Marineland u. La Jungle des Papillons oder Marineland u. La Petite Ferme oder Marineland u. Adventure Golf jeweils FF 158/FF 118. La Petite Ferme u. La Jungle des Papillons FF 82/FF 62. Marineland u. La Petite Ferme u. La Jungle des Papillons FF 199/FF 142. Marineland u. Aqua Splash FF 199/FF 142.
Verpflegung: Auf dem Parkgelände befinden sich zahlreiche Restaurants und Snackbars. Menüs in den Restaurants FF 79, Kindermenüs FF 52.
Anfahrt: Das Marineland liegt direkt an der Nationalstraße zwischen Fort Vauban und der Marina Baie des Anges. Am Kreisverkehr Richtung Biot und Marineland (ausgeschildert). Großer Parkplatz (gratis).

Nicht schnell, aber originell: der Pinienzapfenzug

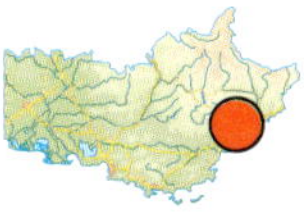

Kleine und große Eisenbahnfans werden von einer Fahrt mit dem Train des Pignes, dem Pinienzapfenzug, begeistert sein. Auf originelle und gemütliche Art lernt man damit das einsame Hinterland der Côte d'Azur kennen. Nach mehr als 20-jähriger Bauzeit hatte die Schmalspurbahn anno 1911 ihren Betrieb aufgenommen. Unter unsäglichen Mühen wurde die 150 Kilometer lange Strecke durch die Felsen der Haute Provence gehauen. 16 Viadukte, 15 Brücken und 25 Tunnel errichteten die Arbeiter - eine ungeheure Leistung. Die Mühe hat sich gelohnt.

Eine nostalgische Fahrt mit dem Pinienzapfenzug führt hoch hinaus

Der Zug wurde zur Lebensader des Hinterlandes - auch wenn sich die Dampflok an manchen Steigungen ganz schön abmühte. Stellenweise war sie so langsam, dass die Fahrgäste ausstiegen, um Pinienzapfen zu sammeln - daher der Name. Heute wird der Zug hauptsächlich von Touristen genutzt. Nur im Winter, wenn die Straßen nicht passierbar sind, wird er zum wichtigen Verkehrsmittel der Pendler.

ZWISCHENSTOPPS MIT WANDERMÖGLICHKEITEN

Der Train des Pignes verkehrt mehrmals täglich zwischen Nizza und Digne-les-Bains. Eine einfache Fahrt von Nizza nach Digne dauert ohne Zwischenstopps etwa drei Stunden. Das heißt: Wer die Gesamtstrecke fahren möchte, braucht einen Tag für die Hin- und Rückfahrt. Die Fahrt mit dem Bummelzug kann jederzeit unterbrochen werden. Bei 64 Haltestellen hat man allerdings die Qual der Wahl. Abfahrt ist an Nizzas Gare du Sud. Erst rumpelt die von einem Triebwagen gezogene Bahn eine halbe Stunde lang durch die Vororte, dann klettert sie an Weinfeldern und Obstgärten vorbei das Var-Tal hinauf bis nach Touet-sur-Var und Puget-Théniers, einem guten Ausgangspunkt für Wanderungen durch das Var-Tal. Nächste Stationen sind Entrevaux, wo sich das Tal beklemmend verengt, und die Walnuss-Hauptstadt Annot. Von dort geht es in einer weiten Schleife über das 1.000 Meter hohe Thorame-Haute nach St. André-les-Alpes und nach Digne-les-Bains. Der altehrwürdige Kurort bietet sich für eine längere Rast oder auch für eine Übernachtung an. Eisenbahn-Fans aufgepasst! Jeden Sonntag zwischen Mai und August werden die altertümlichen Wagons des Train des Pignes von einer schmucken Dampflok über die Teilstrecke von Annot bis Puget-Théniers gezogen.

Sociéte Nouvelles des Chemins de Fer de la Provence, Tel. 04 93 88 34 72 und Gare de Nice, Tel. 04 93 82 10 17. Der Spaß dauert drei Stunden und kostet für die Hin- und Rückfahrt FF 100 pro Person.

EMPFOHLEN VON Familie&Co Die Familienzeitschrift

Der Prinz und das Meer – Das Musée Océanographique in Monaco

Blattgold-Decken mit Kronleuchtern in Form von Strahlentierchen, an den Wänden wertvolle Eichenholzvertäfelungen, am Boden Mosaike mit Tiermotiven und in jeder Ecke Kunstwerke, die symbolische Szenen aus dem Meer darstellen. Der Palast, der dem Musée Océanographique in Monaco als prachtvolles Domizil dient, ist der passende Rahmen für die einzigartigen wissenschaftlichen Sammlungen, die Prinz Albert I. von seinen 28 Ozeanexpeditionen zwischen 1884 und 1915 in die Heimat brachte. Auf drei durch monumentale Marmortreppen verbundene Etagen sind Tausende Exponate zu sehen: Riesenmuscheln, Walfischskelette, ausgestopfte Grönland-Eisbären, Modelle der Expeditionsjachten, ein Tauchboot von 1774 (in das man hineinklettern kann), Messinstrumente sowie Dokumente, Fotos, Gemälde und Zeichnungen, die von den Reisen des abenteuerlustigen Prinzen erzählen.
Im Untergeschoss des Museums befindet sich eines der schönsten Aquarien weit und breit. In seinen 90 Becken leben

Tauchboot vor dem Musée Océanographique in Monaco

hundert verschiedene Arten von Meerestieren aus dem Mittelmeer und aus tropischen Gewässern. Hier schlängeln sich Muränen und Kraken durch Felsspalten, dort gleiten Haie über ein versunkenes Boot. Spektakuläre Novität ist ein Riesenbecken, das ein tropisches Korallenriff in Naturgröße zeigt - mit all seinen Bewohnern, darunter Hammerhaie, Riesenzackenbarsche und majestätische Rochen. Das Wasser der Becken wird übrigens dem Meer entnommen - täglich sind 400.000 Liter im Umlauf. Wer noch tiefer in die Materie einsteigen möchte, schaut sich im prachtvollen Vortragssaal Filme von Jacques-Yves Cousteau an. Der berühmte Meeresforscher leitete von 1957 bis 1988 die wissenschaftlichen Labors des Museums.

Und zum Abschluss sollte man von der Dachterrasse den herrlichen Panoramablick auf die Küste und auf Monaco genießen. Vorne sieht man den Felsen, auf dem die Altstadt (Monaco-Ville) thront. Auf der anderen Seite klettert Monte Carlo den Berghang hinauf. Dazwischen liegt das Hochhaus- und Hafenviertel La Conodamine. Am Kai dümpeln Jachten im Wert von Millionen, manchmal ist auch das Schiff der Fürstenfamilie zu sehen. Ein wenig erinnert das (Hoch-)häusermeer an Hongkong. Hier wie dort wird jeder Quadratmeter verbaut, werden neue Viertel dem Meer abgerungen.

Musée Océanographique (Meereskundliches Museum), Av St-Martin, 98030 Monaco, Tel. 377 93 15 36 00. Tägl. 9-20 Uhr. Eintritt: Erw. FF 60, Kinder FF 30. Tipp: Das Museum ist immer rappelvoll, daher am besten gleich frühmorgens kommen! Eine Tiefgarage gibt es direkt unter dem Museum.

Gut zu wissen

Fakten von A bis Z

Péage

Schilder mit der Aufschrift »Péage« weisen auf der Autobahn auf bevorstehende Mautstationen hin. Dort zieht man auf Knopfdruck ein Ticket, das man am Ende eines Streckenabschnittes oder bei Verlassen der Autobahn bezahlen muss. Meist rechnet ein Kassierer ab, es gibt aber auch Automaten. Es ist also empfehlenswert, stets etwas Kleingeld bereitzuhalten – sonst werden hinter Ihnen einige Fahrer rot anlaufen.

ANKUNFT/ANREISE

Mit dem Auto
Wer mit Kind und Kegel per Auto anreist, sollte eine Übernachtung einplanen – sonst wird die Anreise für alle zur »Tortour«. Die französischen Autobahnen sind gebührenpflichtig. Wer die Nationalstraßen (Routes National) benutzt, spart Geld, braucht aber wesentlich mehr Zeit.

Mit dem Auto auf der Schiene

Immer beliebter wird die Anreise mit dem Autoreisezug. Man fährt abends los und kommt nach einer Nacht im Liegewagen morgens zusammen mit seinem Auto ausgeruht am Ferienort an. Zielbahnhöfe sind Avignon, Fréjus und Narbonne. Zirka-Preise für eine Fahrt von Köln nach Fréjus: Auto DM 500, Preis pro Erwachsener im Liegewagen DM 227, Kinder bis 5 Jahre frei, Kinder von 6-11 Jahren 50 %. Infos unter Tel. 0180-5 24 12 24 und www.dbautozug.de.

Mit dem Flugzeug
Von deutschen Städten aus heben mehrmals täglich Flugzeuge ab, um zweieinhalb Stunden später in Nizza oder Marseille zu landen (z.B. Lufthansa und Air France). Schneller kommt man nicht hin – und das hat seinen Preis. Es gibt aber immer wieder interessante Kurzfrist-Angebote (ab DM 500). Außerdem erhalten Kinder Ermäßigungen (bis 2 J. frei).

Mit der Bahn
Zwei wichtige Eisenbahn-Fernstrecken verbinden Südfrankreich mit dem Rest der Welt. Die eine führt über Mailand, Genua nach Nizza, die andere von Paris oder Genf über Lyon und Avignon nach Marseille. Für West-, Nord- und Ostdeutsche führt der Weg über Paris, wo man den Bahnhof wechseln muss, was mit Koffern und kleinen Kindern zum Stressfaktor werden kann. Danach geht es allerdings sehr schnell. Denn von der Hauptstadt düst der (reservierungs- und zuschlagspflichtige) Hochgeschwindigkeitszug TGV mit fast 300 Sachen in die Provence – bis Marseille braucht er nur vier Stunden (an Bord Kinderbetreuung und separate Bereiche für Familien). Deutsche Bahn und französische Staatsbahn SNCF bieten zahlreiche Vergünstigungen an. Infos bei der DB-Reiseauskunft unter Tel. 01805-99 66 33 oder bei der SNCF unter Tel. 0180-521 82 38.

AUSKUNFT

In Deutschland
Französisches Fremdenverkehrsamt (Maison de la France), Westendstr. 47, 60325 Frankfurt/Main, Tel. 0190-57 00 25 (pro Min. DM 1,20), ab 16.30 Uhr nur Prospektversand, Fax 0190-59 90 61. www.maison-de-la-france.com

DBAutoZug

Monaco Touristik Information Deutschland, Königsallee 27-31, WZ-Center, 40212 Düsseldorf, Tel. 0211-3 23 78 44, www.montecarlo.mc

In Österreich
Maison de la France, Argentinierstr. 41a, A-1040 Wien, Tel. 01 503 28 90, Fax 503 28 71.

In der Schweiz
Maison de la France Suisse, Rennweg 42, CH-8001 Zürich, Tel. 01 217 46 00, Fax 01 217 46 17.

Vor Ort
- Comité Régional du Tourisme de Provence-Alpes-Côte d'Azur, Les Docks, Place de la Joliette 10, Atrium 10.5, B.P. 46214, 13567 Marseille, Cedex 2, Tel. 04 91 56 47 00, www.cr-paca.fr, E-Mail: information@crt-paca.fr
- Comité Départemental du Tourisme des Bouches-du-Rhône, Le Montesquieu, Rue Roux de Brignoles 13, 13006 Marseille, Tel. 04 91 13 84 13, Fax 04 91 13 84 99.
- Comité Départemental du Tourisme du Var, Boulevard Foch 1, BP 99, 83003 Draguignan, Cedex, Tel. 04 94 50 55 59, Fax 04 94 50 55 52, E-Mail: info@cdtvar.com
- Comité Régional du Tourisme Riviera Côte d'Azur, Promenade des Anglais 55, 06000 Nizza, Tel. 04 93 37 78 78, Fax 04 93 86 01 06, www.crt-riviera.fr
- Comité Départemental du Tourisme des Alpes de Haute Provence, Rue du Dr-Honnorat 19, BP 170, 04005 Digne-les-Bains, Cedex, Tel. 04 92 31 57 29, Fax 04 92 32 24 94. www.alpes-haute-provence.com, E-Mail: info@alpes-haute-provence.com
- Comité Départemental du Tourisme du Vaucluse, Rue Collège de la Croix 12, B.P. 147, 84008 Avignon, Cedex 01, Tel. 04 90 80 47 00, Fax 04 90 86 86 08. www.provenceguide.com, E-Mail: info@provenceguide.com
- Comité Départemental du Tourisme des Hautes-Alpes, 1er Rue Capitaine-de-Bresson 5, BP 46, 05002 Gap Cédex, Tel. 04 92 53 62 00, Fax 04 92 53 31 60.
- Office de Tourisme Monte Carlo, Boulevard des Moulins, Monte Carlo, 98030 Monaco, Tel. 04 93 30 87 01.

Im Internet
www.maison-de-la-france.com
www.visitprovence.com
www.crt-riviera.fr
www.provenceguide.com

AUTOVERMIETUNG

Große Autovermieter wie Hertz, Europcar und Avis haben Büros an allen Bahnhöfen und Flughäfen sowie in den großen Städten. Es ist ratsam, den Wagen vor Reiseantritt in Deutschland zu buchen. Im Schnitt zahlt man für einen Kleinwagen DM 550-600 pro Woche, inklusive aller gefahrenen Kilometer und Versicherung. Wenn Sie einen Kindersitz benötigen, kündigen Sie dies frühzeitig an.

BABYSITTER

In größeren Hotels, Klubs wie Pierres & Vacances und auf den Eurocamp-Campingplätzen werden Babysitter-Dienste gegen Gebühr angeboten.

BUS, BAHN UND TAXI

Alle größeren Städte der Provence und die Touristenorte sind mit den Eisenbahnen der SNCF (Société Nationale des Chemins de Fer Français) gut zu erreichen. Vor allem an der Côte d'Azur ist die Schiene eine echte Alternative zu den verstopften Küstenstraßen. Die Züge verkehren hier im Stundentakt. Tickets bekommt man an den örtlichen Bahnhöfen oder an Schalterautomaten. Die französische Eisenbahngesellschaft lockt ihre Kunden mit einer Reihe von Ermäßigungen (Kinder bis vier Jahre kostenlos, Kinder von 5 bis 12 Jahren zahlen 50 Prozent).
Taxistände sind mit einem »T« (weiß auf blauem Hintergrund) gekennzeichnet.

Vielerorts kann man Fahrräder leihen

Wer ein Taxi per Telefon bestellt, muss eine Pauschale für die Anfahrt bezahlen. Alle Taxis in Frankreich sind mit einem Zähler ausgestattet, der den Fahrpreis nach Tarif berechnet. Bezahlt wird bar, Scheckkarten werden nicht, Schecks nur selten akzeptiert.

CAMPING

In Südfrankreich (v.a. an der Küste) ist Camping längst eine Philosophie. Und obwohl sich an der Küste riesige Campingplätze aneinander reihen, sollten Sie in der Hochsaison unbedingt einen Stellplatz reservieren - wenn möglich im Schatten.
Die Campingplätze sind wie die Hotels in vier Sterne-Kategorien eingeteilt. Die besten Plätze bieten für ca. FF 100 pro Tag und Nacht allen erdenklichen Luxus: Restaurant, Supermarkt, Bar, Swimmingpool, Spielplatz, Disco und abendliche Animation. In der Nähe der großen Plätze kann man meist auch Kanu fahren, Surfen und Tennis spielen.

DIPLOMATISCHE VERTRETUNGEN

Botschaft der Bundesrepublik Deutschland
Avenue Franklin D. Roosevelt 13/15
75008 Paris
Tel. 01 53 83 45 00
Fax 01 43 59 74 18

Botschaft der Republik Österreich
6, Rue Fabert
75007 Paris
Tel. 01 40 63 30 63
Fax 01 45 55 63 65

Botschaft der Schweizerischen Eidgenossenschaft
142, Rue Grenelle
75007 Paris
Tel. 01 49 55 67 00
Fax 01 40 61 91 95

EINREISE

Eigentlich reicht ein Personalausweis, man sollte sicherheitshalber aber auch einen Reisepass mitnehmen (z.B. fürs Hotel). Für Kinder unter 16 Jahren ist ein Kinderausweis oder ein Eintrag im Pass eines Elternteils nötig. Tipp: Machen Sie sich Fotokopien der Papiere. Sie können beim Verlust der Originale von unschätzbarem Wert sein.

FÄHREN UND HAUSBOOTE

Am schönsten sind die Ausflüge zu den vorgelagerten Inseln (siehe Seite 64). Von Nizza aus kann man auch mit der Fähre nach Korsika übersetzen. Im Sommer verkehrt ein Schnellboot der Air France dreimal am Tag zwischen Nizza (Flughafen), Cannes und St-Tropez. (Infos unter Tel. 0180-83 08 30). Der absolute Hit sind Hausbootfahrten auf der Rhône oder auf dem Kanal entlang der Küste. Infos bei der Fédération des Industries Nautiques, Tel. 01 44 37 04 00 oder Tel. 03 21 63 24 24.

FAHRRADVERLEIH

In jedem Urlaubsort gibt es einen Fahrradverleih. Oft verleihen auch Hotels und Campingplätze Räder. Neben den vorherrschenden Mountainbikes (Vélo tout terrain) hat jede Verleihstation auch Trekking-, Damen-, Kinderräder und mindestens einen Kindersitz. Die Preise variieren je nach Ausleih-Dauer und Saison. Eine durchschnittliche Tagesmiete beträgt FF 80-100.

FUNDBÜRO

Zuständig für verlorene Sachen ist die örtliche Gendarmerie.

GELD

Frankreichs Währung ist der Französische Franc (FF). FF 10 sind etwa 3 Mark. Ein Franc entspricht 100 Centimes. Scheine sind im Wert von 20, 50, 100, 200 und 500 Francs im Umlauf. Münzen gibt es zu 5, 10 und 20 Centimes sowie 1/2, 2, 5, 10 und 20 Francs. Am besten decken Sie sich für die ersten Tage mit Francs ein, danach kommen Sie gut mit EC- und Kreditkarte weiter. Im Verlustfall kann man die EC-Karte unter Tel. 069-74 09 87 und die Kreditkarte unter Tel. 069-79 33 19 10 sperren lassen.

KLIMA UND REISEZEIT

Jeder Südfrankreich-Fan diskutiert gern über die beste Reisezeit. Die einen schwören aufs Frühjahr, weil es da noch schön mild und bis 22 Uhr hell ist. Andere kommen seit Jahr und Tag im Spätsommer, um vor dem langen Winter in Deutschland noch einmal aufzutanken. Alle sind sich jedoch einig: Den Hochsommer muss man meiden, denn da ist es zu heiß – falsch! Sicher können die Temperaturen in der Sonnensaison bis weit über 30 Grad steigen. Aber man fährt schließlich in den Sommerurlaub, um in der Sonne zu liegen und ins (dann herrlich warme) Meer zu springen. Außerdem haben Familien mit Kindern sowieso keine andere Wahl – sie müssen in den »großen Ferien« reisen. Auch im Herbst und Winter hat die Region ihre Reize. Die Côte d'Azur gilt nicht umsonst als Europas Winterreiseziel Nummer

Klimatabelle

	Jan	Feb	März	April	Mai	Juni	Juli	Aug	Sep	Okt	Nov	Dez
Wassertemperaturen (in °C)	13	12	13	14	16	20	22	23	21	19	16	14
Lufttemperaturen / Tag (in °C)	13	13	15	17	20	23	26	27	24	21	16	14
Sonnenschein (in Std.) täglich	5	5	7	8	9	10	11	10	8	7	5	5
Niederschlag (Tage/Monat)	7	6	6	6	5	4	2	3	4	6	7	6

In den Regionalzeitungen findet man alle wichtigen Service-Infos

eins. Sonnenschein und Temperaturen um 20 Grad am Heiligabend - wo gibt's das schon in Europa?
Regentage sind an der Küste selten. Beim Mistral (siehe Seite 8) gerät dagegen alles durcheinander. Dann verliert die Provence ihre Liebenswürdigkeit. Heftige Stürme und Regen können den Urlaub vermiesen. Wer vom Mistral erwischt wird, sollte das Beste draus machen, Museen besuchen, shoppen oder endlich mal wieder Gesellschaftsspiele spielen.

MEDIEN

Die größten überregionalen französischen Tageszeitungen sind Le Monde, Le Figaro und Libération. Vor Ort liest man die Regionalzeitungen wie Var Matin und Nice Matin. Für Urlauber sind sie vor allem wegen der Service-Infos interessant (Veranstaltungshinweise, Notdienste). Infos über Wirtschaft, Kultur, Events und Sehenswürdigkeiten liefert die gut gemachte deutschsprachige Riviera-Côte d'Azur-Zeitung. In den Touristenorten sind alle bedeutenden deutschen Tages- und Wochenzeitungen erhältlich.

MEDIZINISCHE VERSORGUNG

Grundsätzliche Informationen dazu finden Sie im Kapitel »Was Eltern wissen sollten« ab Seite 13. Wer einen Arzt vor Ort sucht, ruft am besten beim ADAC an. Sowohl die Notrufzentrale in Lyon (Tel. 04 72 17 12 22) als auch der Ambulanz-Dienst in München (Tel. 089-76 76 77), sagen Ihnen, wo sich der nächste Arzt vor Ort befindet.
Apotheken (Pharmacie) sind an dem grünen Kreuz zu erkennen. Sie sind von 9-12.30 und 14-18.30 Uhr geöffnet. Ansonsten informiert ein Hinweisschild

über den Notdienst. In Frankreich sind übrigens wesentlich weniger Medikamente rezeptpflichtig als bei uns. Die Arzneien sind auch preiswerter.

NOTRUFE

Notarzt: 15
Polizei/Unfallrettung: 17
Feuerwehr: 18

ÖFFNUNGSZEITEN

In Frankreich gibt es keine gesetzlich geregelten Ladenschlusszeiten. In der Regel haben die Läden von 9 bis 12 Uhr und von 14.30 bis 19 Uhr geöffnet. In Großstädten sind viele Geschäfte durchgehend offen. In den großen Supermärkten (Géant, Casino, etc.) kann man sogar bis 21/22 Uhr einkaufen. Der Samstag ist ein ganz normaler Werktag. Sonntag ist normalerweise Ruhetag, nur einige Lebensmittelläden öffnen trotzdem ihre Türen.

Die Banken sind in der Regel Di-Fr von 9-12 und 14-16 Uhr geöffnet. Manche haben samstags geschlossen.

Postämter sind Mo-Fr von 8-19 Uhr und Samstagvormittag von 8-12 Uhr geöffnet. Kleinere Postämter schließen zwischen 12 und 14 Uhr.

Touristenbüros sind von 9-12 und von 15-18 Uhr geöffnet. In größeren Städten entfällt die Mittagsruhe.

Restaurants öffnen von 12-14 und 19-21 Uhr.

Achtung! Die meisten Museen sind dienstags und an Feiertagen geschlossen. Sonst kann man sie von 10-12 und 14-18 Uhr besichtigen.

Wie wär's mit einer organisierten Reittour oder einem Ausflug hoch zu Ross?

ORGANISIERTE AUSFLÜGE

In der ganzen Provence werden interessante Ausflüge angeboten. Beliebt sind geführte Natur- und Sporttrips durch den Naturpark Lubéron. Mehrtägige Wanderungen werden jeden Sommer von der Parkverwaltung organisiert (Infos unter Tel. 04 90 04 42 00). Sehr beliebt sind Kreuzfahrten auf der Rhône und durch die Camargue. Ein Erlebnis sind auch die Fahrten mit Unterwasser-Booten, die in fast jeder Küstenstadt angeboten werden.

POST

Briefmarken sind in allen Postämtern (P.T.T.) und Tabakläden (Tabac), manchmal auch in Souvenirgeschäften erhältlich. Postkarten und Briefe (bis 20 g) nach Deutschland kosten FF 2,50 bzw. FF 4.

SICHERHEIT

In der Provence ist das Risiko, überfallen oder ausgeraubt zu werden, nicht höher oder niedriger als an jedem anderen Ort der Welt. Wer auf seine Sachen achtet, erlebt in der Regel keine bösen Überraschungen. Auf Nummer sicher geht man mit einer Reisegepäckversicherung. Jeder Diebstahl muss bei der örtlichen Polizei gemeldet werden, sonst zahlen die deutschen Versicherungen nicht.

SPRACHFÜHRER

Grundwortschatz
Ja - oui
Nein - non
Bitte - s'il vous plait
Heute - aujourd'hui
Morgen - demain
Gestern - hier
Der Morgen - matin
Der Nachmittag - après midi
Der Abend - soir
Die Nacht - nuit
Groß - grand
Klein - petit
Gut - bon
Schlecht - mauvais
Heiß - chaud
Kalt - froid
Wann? - quand?
Warum? - pourquoi?
Wie bitte? - comment?

Unterhaltung
Danke - merci
Danke sehr - merci beaucoup
Guten Tag - bonjour
Guten Abend - bonsoir
Auf Wiedersehen! - au revoir!
Ich heiße ... - Je m'apelle ...
Wie heißen Sie? - comment vous appelez-vous?
Wie geht es Ihnen? - comment allez vous?
Entschuldigung - pardon/excusez moi
Ich verstehe - je comprends
Ich verstehe nicht - je ne comprends pas

Im Restaurant
Wein - vin
Ein Glas Rotwein - un verre du vin rouge
Ein Glas Weißwein - un verrre du vin blanc
Bier - bière
Mineralwasser - eau minérale
Fruchtsaft - jus de fruits
Orangensaft - jus d'orange
Speisekarte - carte
Fleisch - viande
Fisch - poisson
Gemüse - légumes
Auf Ihr Wohl! - a votre santé!
Bezahlen, bitte - l'addition, s'il vous plait

Einkaufen
Haben Sie...? - vous avez...?
Ich nehme... - je pends ...
Wie viel kostet es? - combien coûte ça?
Dieses - cesi
Jenes - cela
Ein Stück - un morceau
Eine Scheibe - une tranche
Geschlossen - fermé
Geöffnet - ouvert
Billig - bon marché
Teuer - cher
Wie viel? - combien?
Markt - le marché
Bäckerei - boulangerie
Metzgerei - boucherie
Supermarkt - supermarché
Lebensmittelgeschäft - alimentation

Fragen nach dem Weg
Entschuldigung - pardon
Wo? - où?
Entschuldigung, wo befindet sich... - pardon, Monsieur (Madame), où se trouve...
Bahnhof - gare
Bank - banque
Museum - musée
Post - poste
Schloss - château
Altstadt - vieille ville
Meer - mer
See - lac
Toiletten - toilettes
Links - à gauche
Rechts - à droite
Geradeaus - tout droit
Da/dort - là

STROM

Die Stromspannung beträgt wie in Deutschland 220 Volt Wechselstrom. Nur selten trifft man auf elektrische Anschlüsse mit 110 Volt. Für Schukostecker braucht man einen Adapter. Vor Ort in jedem besseren Supermarkt erhältlich.

TELEFON

Frankreich hat die internationale Vorwahl 0033. Die Provence hat die Telefonzonenvorwahl 04, die auch bei Inlandsgesprächen mitgewählt werden muss. Es folgt eine achtstellige Teilnehmernummer. Vorwahl nach Deutschland: 0049 + Ortskennziffer ohne 0 + Teilnehmernummer.
In Frankreich gibt es fast nur noch Kartentelefone. Telefonkarten (Télécarte) bekommt man in den Tabakläden oder bei der Post zu FF 50 bzw. FF 100. Tipp: In Frankreich kann fast jede Telefonzelle angerufen werden (Telefonnummer in der Telefonzelle angegeben). Mit Mobiltelefonen ist das Telefonieren im D1- und D2-Netz, mit einem »Dual-Band-Handy« auch im E-Netz möglich.

Eurocamp

Besonders familienfreundlich sind Eurocamp Camping-Plätze. Man wohnt in 25 Quadratmeter großen »Alles-schon-da«-Zelten für sechs Personen (Küche, Elternschlafzimmer, zwei Kinderzimmer) oder in Luxus-Caravans mit Dusche, Toiletten, Betten, Strom, Wasser und Küche. Ausgebildetes Personal kümmert sich um die Kleinen. So genannte Bambino-Plätze haben Planschbecken, Babybett, Wickelauflage, Babywanne, Hochstuhl und Superbuggy. Eurocamp, Heimhuder Str. 72, 20148 Hamburg, Tel. 040-45 09 70, www.eurocamp.de

TIERE

Um das Haustier mitzunehmen, benötigen Sie einen Impfpass und ein amtliches Gesundheitszeugnis, das nicht älter als fünf Monate ist. Die Tollwutimpfung muss mindestens 30 Tage, darf aber nicht länger als ein Jahr zurückliegen. Die Mitnahme von Tieren, die noch keine drei Monate alt sind, ist verboten. Vor Urlaubsantritt sollten Sie natürlich unbedingt klären, ob Sie Ihr Haustier in das Hotel oder auf den Campingplatz mitnehmen dürfen.

TRINKGELD

In der Regel werden in Restaurants Inklusivpreise berechnet, deshalb finden Sie auf Ihrer Rechnung den Vermerk »service compris«. Wenn es nach einem ausgiebigeren Mahl mit aufmerksamer Bedienung geschmeckt hat, runden Sie den Rechnungsbetrag einfach auf und hinterlassen die Münzen auf dem Tellerchen, auf dem die Rechnung kam.
Für Servicepersonal außerhalb von Cafés und Restaurants (z.B. Taxifahrer, Hotelpersonal) gilt: ein Trinkgeld zwischen einem und 15 Francs ist üblich.

UNTERKÜNFTE

Frankreich bietet Unterkünfte für jeden Geschmack: familiäre Gasthöfe, rustikale Ferienhäuser, exklusive Châteaus, Hotels aller Kategorien und familienfreundliche Ferienklubs. Die Hotels sind in vier Sterne-Kategorien aufgeteilt (einfach, gut, komfortabel, Luxus).

Klubdorf Pont Royal/Pont Royal
Pont Royal liegt südlich der Lubéron-Berge auf einem kleinen Hügel. Alle Häuser dieses schönen Feriendorfes sind im neo-provenzalischen Stil auf alt getrimmt worden. Es gibt Ferienwohnungen unterschiedlicher Größe und Kategorie sowie ganze Häuser. Kinderattraktion ist die riesige Badelandschaft. Alternativ tobt man sich auf Volleyball-, Basketball-, Boule-, Spiel- und Sportplatz aus. Jogger

Urlaub auf dem Bauernhof

Wer Familienpensionen und Ferienwohnungen in ländlicher, naturnaher Umgebung sucht, hält sich am besten an die Häuser des »Gîtes de France«. Speziell für Familien, die hautnah am Landleben auf dem Bauernhof teilhaben wollen, wurden sogar Gîtes d'enfants geschaffen (Tel. 01 49 70 75 75). Eine Vielzahl familiengerechter Unterkünfte bietet auch Logis de France, die einen jährlichen Hotel-Guide herausgeben (Tel. 01 45 84 70 00). Eine Art Bed & Breakfast stellen die Chambres d' hôtes dar. Hier übernachtet man preisgünstig bei französischen Familien. Eine Fülle von sympathischen Hotels und Landgasthäusern werden im »Guide de Charme« vorgestellt, der im Buchhandel erhältlich ist (je DM 34,80).

drehen ein paar Runden um den See, den man auch mit Bötchen erkunden kann. Außerdem gibt es: Golf, Tennis, Fitness, Bogenschießen, Mountain-Bikes, Reiten (Ponyreitkurse, Ausritte), Wander- und Mountain-Bike-Ausflüge, Mal- und Töpferkurse, Sportturniere, Spieleabende sowie Konzert- und Theaterabende mit Kindershow, Restaurants und Einkaufsmöglichkeiten. Auf einem kleinen Bauernhof kann man Hasen und Ziegen streicheln. Es gibt nach dem Alter gestaffelte Klubs für Kinder von 3 Monaten bis zu 12 Jahren.
Auskünfte und Reservierung: Pierre & Vacances unter Tel. 0721-93195-12, -13, -15 und -17. Eine Woche im Studio für 4-5 Personen DM 1.718 (Preis für die Zeit vom 8.-29. Juli).

Auberge Charembeau/Forcalquier
Mitten auf dem Land, in der wunderschönen Umgebung von Forcalquier, liegt dieses kleine Landhotel. Die Atmosphäre ist sehr familiär und die überaus liebenswürdigen Besitzer lesen jeden Wunsch von den Augen ihrer Gäste ab. Ideal für Familien sind die großen Ferienzimmer mit Küchenecke. Wer möchte, lässt sich das Frühstück im idyllischen Garten servieren. Die Auberge besitzt ein Schwimmbad und vermietet Fahrräder (Kindersitze vorhanden). Mit denen kann man einen der schönsten Radwege des Lubéron erkunden, der direkt vor der Haustür beginnt. Eine rundum sympathische Familienadresse. Nichts wie hin!
Auskünfte und Reservierung: Auberge Charembeau Forcalquier, Route de Niozelles, Tel. 04 92 70 91 70, Fax 04 92 70 91 85. Eine Woche im Ferienappartement mit Küchenecke DM 650-1300. 15. Nov-15. Feb geschlossen.

Domaine de la Coquillade/Gargas
Diese traumhafte Ferienanlage im provenzalischen Stil liegt inmitten von Weinfeldern auf einem Hügel vier Kilometer nordwestlich von Apt. Das immer noch bewirtschaftete Weingut wurde von den deutschen Besitzern mit viel Liebe renoviert. Unterhalb der Häuser, in denen sich die gemütlichen Ferienappartements befinden, liegt ein großer Swimmingpool mit Kinderbecken. Haustiere sind nicht erlaubt.
Auskünfte und Reservierung: Reisebüro. Eine Woche in der Zwei-Zimmer-Ferienwohnung für vier Personen kostet in der Hauptsaison DM 1.504.

La Pinède/Hyères
Dieses im provenzalischen Stil erbaute Hotel liegt direkt am sechs Kilometer langen Sandstrand inmitten eines drei Hektar großen Pinienwaldes auf der Halbinsel Giens. Man freut sich über: Schwimmbad mit Kinderbecken und Sonnenterrasse, Volleyballfeld, Tischtennis, Bouleplatz, Kinderspielplatz und Taucheinführungskurs im Schwimmbad.

Klubdorf Pont Royal: So schön können Ferien im Klub sein

In der Nähe: Segel-, Katamaran-, Kajak- und Schwimmkurse. Zum Basteln, Malen und Spielen trifft man sich im Kinderklub (1-5 Jahre). Ferienwohnungen unterschiedlicher Größe und Kategorie. Auskünfte und Reservierung: Pierre & Vacances unter Tel. 0721-93195-12, -13, -15 und -17. Eine Woche im Studio für 4-5 Personen DM 1.962 (8.-29. Juli).

Auberge Les Glycines/ Ile de Porquerolles

Stilvolles provenzalisches Hotel auf der schönsten Insel Südfrankreichs. Vor dem liebevoll geführten Haus liegt die Place d'Armes, wo sich die Kids nach Herzenslust austoben können. In der Hauptsaison (1. Juli-10. Sep) wird jedes der elf komfortablen Zimmer nur mit Halbpension angeboten. Aber das lohnt sich, denn die mediterranen Leckereien, die im lauschigen Innenhof des Hotels serviert werden, sind ihr Geld wert. Und: Kinder bis zwölf Jahre, die in Begleitung ihrer Eltern ein Drei-Bett-Zimmer belegen, logieren umsonst. Tipp: In der Nebensaison fällt der Preis dramatisch. Dann ist das Zimmer mit Halbpension schon für rund DM 100 zu haben.

Auskünfte und Reservierung: Auberge Les Glycines, 83400 Porquerolles, Place d'Armes 22, Tel. 04 94 58 30 36, Fax 04 94 58 35 22. 11 Zimmer. Eine Woche inkl. Halbpension ca. DM 1.400.

Les Restanques/St-Tropez

Herrliches Klubdorf inmitten eines 25 Hektar großen Naturschutzgebietes mit Blick aufs Meer und St-Tropez. Sehr viele Sport- und Freizeitangebote, Kinder-und Jugendklubs. Der Hit ist die 1.600 Quadratmeter große Badelandschaft mit Wellenbad, Sprudelbecken und Spielschwimmbad. Außerdem: Fußballplatz, Beachvolleyballfeld, Tischtennis, Bouleplatz, Bogenschießstand, Rollerbladepiste, 2 Kinderspielplätze, Trimm-dich-Pfad, botanischer Rundweg und ein See (Bootsvermietung). Man wohnt in modernen Ferienappartements.
Auskünfte und Reservierung: Pierre & Vacances unter Tel. 0721-93195-12, -13, -15 und -17. Eine Woche im Studio für 4-5 Personen DM 2.079 (8.-29. Juli).

Hotel de Cacharel/Les-Saintes-Maries-de-la-Mer (Camargue)

Naturliebhaber und Pferdefans kommen

in diesem zum Hotel umfunktionierten Landhaus aus dem 17. Jahrhundert inmitten der weiten Camargue-Landschaft voll auf ihre Kosten. Die 15 großen und ruhigen Zimmer befinden sich im Parterre und bieten einen tollen Blick aufs wilde Land. Man erfrischt sich im großen Schwimmbad oder im nahen Meer. Das Hotel hat einen Pferdeverleih und organisiert geführte Ausflüge durch die Sumpflandschaft (1 Std./FF 120).
Auskünfte und Reservierung: Hotel de Cacharel, Route de Cacharel, 13460 Les-Saintes-Maries-de-la-Mer, Tel. 04 90 97 95 44, Fax 04 90 97 87 97, E-Mail: mail@hotel-cacharel.com, www.hotel-cacharel.com. Eine Woche im Doppelzimmer ca. DM 1.700.

Le Mas de la Mer/Le Mas de Gigaro
Die beiden Ferienanlagen ziehen sich direkt hinter dem schönen Gigaro-Sandstrand den Hügel hoch. Die hübschen Ferienhäuser liegen inmitten üppigen Grüns und sind durch Gassen, Treppen und kleine Plätze miteinander verbunden. In der Anlage befinden sich Pool und Tennisplätze. Am Strand kann man segeln, surfen und Kanu fahren. Restaurants und Supermarkt befinden sich vor Ort. Es gibt Wohnungen und Häuser verschiedener Kategorien. Alle haben Balkon oder Terrasse – meist mit Meerblick.
Auskünfte und Reservierung: Reisebüro. Eine große Zwei-Zimmer-Wohnung für vier Personen kostet in der Hauptsaison (8-7.-26.8.) DM 1.521 pro Woche.

Domaine de la Fontaine/ L'Isle-sur-la-Sorgue
Hier fühlt man sich schnell zu Hause: Nur fünf rustikal eingerichtete Zimmer hat dieses 100 Jahre alte Mas – wie die Bauernhäuser der Provence heißen. Dafür ist es eine der charmantesten Adressen weit und breit. Irmy und Dominique Sundheimer, früher Gastronomen in München, haben das Bauernhaus am Rand von L'Isle-sur-la-Sorgue in den letzten Jahren liebevoll restauriert. Draußen ist für die Kinder unter uralten Platanen viel Platz zum Spielen. Dort steht auch der Brunnen, der dem Haus den Namen verlieh.
Auskünfte und Reservierung: Domaine de la Fontaine, Chemin du Bosquet 920, 84800 L'Isle-sur-la-Sorgue, Tel. 04 90 38 01 44, Fax 04 90 38 53 42. Eine Woche im Doppelzimmer kostet ca. DM 1.150-1.350, in der Suite ca. DM 1.900. Frühstück im Preis inklusive.

Moulin de L'Aqueduc/ Fontaine-de-Vaucluse
Der absolute Geheimtipp! Diese alte Mühle liegt vor den Toren von Fontaine-de-Vaucluse direkt an der smaragdgrünen Sorgue unterhalb eines mächtigen Aquäduktes. Die Zimmer des gemütlichen Gasthofes sind einfach, aber sauber. Vom Touristenrummel ist hier rein gar nichts zu spüren. Vor den Türen der Pension breitet sich die ganze Pracht des Lubéron-Massivs aus. Und natürlich gehört eine Kajak-Fahrt mit der Familie zum Pflichtprogramm.
Auskünfte und Reservierung: Moulin de L'Aqueduc, ca. einen Kilometer außerhalb von Fontaine-de-Vaucluse, Tel. 04 90 20 25 41. Eine Woche in der Hochsaison kostet ca. DM 600.

VERKEHR

Verstöße gegen die Verkehrsregeln werden in Frankreich scharf bestraft. Wer z.B. auf der Autobahn die Höchstgeschwindigkeit überschreitet, muss ein saftiges Bußgeld bar bezahlen – falls man nicht flüssig ist, muss man auf die Wache. Tempolimits sind: innerorts 50 km/h, Landstraße 90 km/h (bei Nässe 80 km/h), Schnellstraße 110 km/h (bei Nässe 100 km/h), Autobahnen 130 km/h (bei Nässe 110 km/h). Die Promillegrenze liegt bei 0,5. Wer sie missachtet, kann seinen Führerschein auf der Polizeiwache abliefern. Gurtpflicht besteht im ganzen Land. In Frankreich gibt es sehr viele Kreisverkehre – wer hier seine Runden dreht, hat Vorfahrt. Neben Führerschein und Fahrzeugschein sollte man auch die Internationale Grüne Versicherungskarte mitführen.

Wenn's mal ein ganz besonderes Mietauto sein soll ...

Auf Autobahnen und einigen Nationalstraßen kann Pannenhilfe über Notrufsäulen angefordert werden. Auf allen anderen Straßen leistet der deutschsprachige »AIT-Assistance« Hilfe rund um die Uhr. Der Pannendienst ist unter der kostenlosen Rufnummer 05 08 92 22 zu erreichen. Auch der deutschsprachige ADAC in Lyon ist 24 Stunden täglich unter Tel. 04 72 17 12 22 zu erreichen. Wer auf Nummer sicher gehen möchte, schließt vor der Reise einen Auslandsschutzbrief ab.

An den Zapfsäulen werden folgende Gemische getankt: Diesel (Gazole), Normalbenzin bleifrei (95 Oktan, sans plomb), Super bleifrei (98 Oktan, sans plomb 98) und Super verbleit (98 Oktan, Super). Am günstigsten sind die Tankstellen an großen Supermärkten. Am teuersten ist der Sprit an der Autobahn.

Von Autoträumen und Traumautos

In Fontvieille, abseits der Touristenströme Monacos, wartet das Oldtimermuseum auf kleine und große Autofans. Es zeigt 100 Traumautos aus Fürst Rainiers Privatsammlung – vom antiken Bugatti bis zum schnittigen Lamborghini.

Exposition de la Collection de Voitures Anciennes de S.A.S. Le Prince de Monaco, Les Terrasses de Fontvieille, 98030 Monaco, Tel. 377 92 05 28 56. Tägl. 10-18 Uhr, Nov geschl. Eintritt: Erw. FF 30, Kinder FF 15.

ZOLL

EU-Bürger dürfen Waren zum eigenen Verbrauch mitführen. Dabei gelten folgende Obergrenzen: 800 Zigaretten, 400 Zigarillos, 200 Zigarren, 1 kg Rauchtabak, 10 l Spirituosen, 20 l Alkoholika bis 22 Prozent Alkoholgehalt, 90 l Wein (davon max. 60 l Schaumwein) und 110 l Bier.

Einkaufen & Mitbringsel

Sandalen aus St-Tropez, Fayencen aus Moustiers, Lavendelhonig aus Sault. Wer in der Provence kein Mitbringsel findet, ist selber schuld. Es gibt zwar auch ziemlich viel Kitsch, aber wer sich umschaut, wird sicher etwas Passendes finden. Und mancher Kitsch hat ja auch seinen Reiz.

FEST DER SINNE: DIE MÄRKTE

Am meisten Spaß macht Einkaufen auf einem der unzähligen Märkte Südfrankreichs. Nirgendwo anders erhält man einen besseren Überblick über die Vielfalt der regionalen Produkte. Außerdem wird hier die ganze Palette bodenständiger Souvenirs angeboten: Kräuter der Provence, bunte provenzalische Tischdecken, Korkenzieher aus Olivenholz und und und. Sicher einer der schönsten Märkte an der Côte d'Azur findet immer dienstags und samstags vormittags auf der Place des Lices in St-Tropez statt. Hier gibt es wirklich alles: hausgemachte Marmeladen und Tapenaden – also jene Paste aus klein gehackten schwarzen Oliven, die mit Knoblauch, Zitronensaft, Anchovis, Kapern und Thunfisch zu einem köstlichen schwarzen Brei vermengt werden –, Knoblauchzöpfe, selbst gebackenes Olivenbrot, Obst und Gemüse aus der Region und bunte Strandtaschen. Toll: Ein Kinderkarussell sorgt dafür, dass die Kleinsten sich nicht langweilen (Tipp: Wenn der Trubel vorbei ist, kommen die Boulespieler und spielen ihr Spiel auf einem der schönsten Plätze Südfrankreichs. Einfach zurücklehnen und zugucken – oder mitspielen). Auch der Markt von Antibes ist ein Schlaraffenland für große und kleine Schlemmer. Hier findet man Oliven im provenzalischen Kräuterbad, Ziegenkäse zum Dahinschmelzen, frische Melonen, luftgetrockneten Schinken und Salamis gleich dutzendweise. Nicht versäumen sollte man den lebhaften Blumenmarkt von Nizza (Di-So vormittags) und den ursprünglichen Markt von Apt, der sich pittoresk durch den schönen Ort schlängelt. Eine Besonderheit ist der schwimmende Markt von L'Isle-sur-la-Sorgue (Ende Juli/Anfang August). Dort verkaufen Händler ihre Produkte auf Barken, die an den Kais liegen (Infos beim Fremdenverkehrsamt unter Tel. 04 90 38 04 78). Tipp für Leckermäuler und Feinschmecker: In den Städten gibt es auch regelrechte »Fressgassen«. Bestes Beispiel ist die Rue Marché in Vence – ein wahres Schlaraffenland.

Trüffel schnüffeln

Die Trüffel der Provence gelten unter Feinschmeckern als die besten der Welt. In der Schnüffel-Saison (Mitte Nov-Mitte März) kann man sie auf den Märkten von Apt, Carpentras und Richerenches (Samstagvormittag) kaufen. Die Einwohner von Richerenches feiern jedes Jahr im Januar in der Dorfkirche eine Trüffelmesse. Dabei kommen die »Ritter der schwarzen Diamanten« zusammen, um von den Gemeindemitgliedern einen »Obolus« in Form von frischen Trüffeln entgegenzunehmen.

DER KLASSIKER UNTER DEN MITBRINGSELN: OLIVENÖL

Vielen gelten die südfranzösischen Olivenöle als die besten der Welt. Achten Sie darauf, dass das Öl aus der ersten Kaltpressung stammt – zu erkennen an der Aufschrift »L'huile d'olive verge« auf dem Etikett. Hervorragende Öle stammen aus Nyons (Cooperative du Nyon-

Das ideale Mitbringsel für den Hobbykoch: Olivenöl

sais, Place Olivier de Serres, Tel. 04 75 26 03 44). Berühmt sind auch die Öle aus Mausanne (Cooperative agricole de la Vallée-des-Baux, Tel. 04 90 54 32 37).

Bei einem Nizza-Bummel führt kein Weg an Alziari vorbei (siehe Seite 91), wo es die dekorativsten Ölivenöldosen gibt. Die freundlichen Verkäuferinnen des Traditionsgeschäfts füllen das Öl aus großen Fässern direkt in hübsch gestaltete Dosen ab – das ideale Mitbringsel für die Lieben daheim. Tipp: den Ausgießer nicht vergessen, sonst kann man das kostbare Öl kaum dosieren.

SÜSSE KÖSTLICHKEITEN

Die Provence ist ein Paradies für Naschkatzen. Eine Spezialität sind kandierte Früchte. Welthauptstadt dieser Kalorienbomben, die schon den Päpsten den Alltag versüßten, ist Apt. Apropos Päpste: Die Spezialität der Papststadt Avignon sind »Papalines«, Pralinen aus edler Schokolade, Zucker und Oregano aus dem Comtat sowie einem Likör aus 60 Pflanzen von den Hängen des Mont Ventoux. Nur einen Steinwurf vom berühmtesten Berg der Provence entfernt liegt Carpentras, das mit seinen »Berlingots« lockt. Die bunten Bonbons mit dem typischen Pfefferminzaroma werden hier schon seit 1844 hergestellt. In Sault wird verarbeitet, was auf den Feldern wächst – Honig und Nougat ohne Lavendel ist dort nicht vorstellbar. Tipp: Die Confiserie André Boyer in Sault stellt schon seit über hundert Jahren die feinsten Süßwaren der Region her (Tel. 04 90 64 08 89). Und wer an der Küste naschen möchte: Das schönste Süßwarengeschäft der Côte d'Azur ist die Patisserie Henri Auer (siehe Seite 91) in der Altstadt von Nizza: Farbenfroh verpackt und verführerisch drapiert, lassen Bonbons, Pralinen, Schokolade, Nougat und Marmeladen aus den besten Beeren und Früchten der Provence nicht nur Kinderaugen heller leuchten. Der absolute Knüller sind die kandierten Früchte. Sie erinnern an barocke Stillleben – ein Augenschmaus und fast zu schade zum Essen.

GLASWAREN UND KERAMIK

Holzschnitzereien in Tourettes-sur-Loup, Hunderte verschiedener Pfeifen in Gogolin, Töpferwaren frei nach Picasso in Vallauris und feine Fayencen in Moustiers-Sainte-Marie. Das Angebot an Kunsthandwerk ist riesig. Vielerorts kann man den Handwerkern bei der Arbeit zusehen. Besonders interessant für Kinder ist ein Abstecher ins Glasbläserdorf Biot, wo man schon in der Römerzeit Geld mit Glas verdiente. Am Rande des Ortes befindet sich die »Verrerie de Biot«. Hier kann man den Glasbläsern bei der Arbeit in der Werkstatt zuschauen. Toll, wie aus einem unscheinbaren Klumpen schönste Gläser werden! Außerdem gibt es eine Galerie, ein Museum und einen Shop, in dessen Regalen Unmengen von mundgeblasenen Gläsern, Vasen und Schalen auf Käufer warten. Typisch für Biot sind die Verres à bulles, also die »Gläser mit Blasen« (Chemin des Combes, 06410 Biot, Tel. 04 93 65 03 00). Tipp: Wenn man schon mal in Biot ist, sollte man auch das Musée Fernand Léger besuchen, das rund 350 Arbeiten des Künstlers zeigt, darunter Ölgemälde, Zeichnungen, Skizzen, Keramiken und Glasfenster. Das riesige Mosaik an der Außenwand sollte einst das Sportstadium in Hannover zieren – den Niedersachsen war's aber zu teuer, heute ist es Markenzeichen des Museums, das übrigens auch schöne

Auch einfache Gebrauchskeramik hat ihren Reiz

Kunstdrucke zum Kauf anbietet (Musée Fernand Léger, Chemin du Val de Pome, 06410 Biot, Tel. 04 92 91 50 30, Juli-Sep tägl. außer Di 11-18 Uhr, Okt-Juni 10-12.30 und 14-17.30 Uhr. Eintritt: Erw. FF 30, Kinder frei).

ANTIQUITÄTEN UND TRÖDEL

Nach Paris ist L'Isle-sur-la-Sorgue in der Vaucluse die wichtigste Antiquitätenstadt Frankreichs. Hier gibt es über 250 Antiquitätenhändler. Berühmt ist der riesige Trödelmarkt, der seit 30 Jahren jeden Sonntag Schnäppchenjäger anzieht. Ostern und am 15. August findet eine riesige Antiquitätenmesse statt.

TAUSENDERLEI DÜFTE

Wer Grasse besucht, wird mindestens ein Parfüm mit nach Hause bringen – man kann es sich sogar selbst zusammenstellen (siehe Seite 84). Ansonsten werden auf den lokalen Märkten alle nur erdenklichen Düfte in vielerlei Varianten angeboten: Lavendelöl, dekorative Seifenklötze aus Marseille und allerlei Duftkissen und Riechsäckchen. Achtung: Einige Duftkreationen können ziemlich penetrant sein.

Santons – alles aus Ton

Ein beliebtes Souvenir sind die Santons. Die tönernen Folklorepuppen stellen Heilige, Handwerker und Bauern dar. Im ganzen Land bevölkern sie Kioske und Krippen. Mit vielen Figuren wird das biblische Geschehen illustriert. Zu den biblischen Hauptakteuren gesellen sich zahlreiche typisch provenzalische Charaktere. Ursprünglich wurden die Santons aus Holz geschnitzt und mit verschiedenen Materialien verziert. Erst seit dem 18. Jahrhundert sind sie ausschließlich aus Ton.

BOUTIQUEN-BUMMEL

Die meisten und besten Designer-Boutiquen (auch für Kindermode) gibt es in Cannes, dicht gefolgt von Nizza. Am meisten Spaß macht der Boutiquen-Bummel in St-Tropez. Hier kann man sich hervorragend mit trendiger Feriengarderobe eindecken. Beliebtes Mitbringsel sind die kultigen Sandalen aus St-Tropez – aus Leder mit Riemen, in denen die Zehen stecken, in den verschiedensten Farben. Ein minimalistischer Klassiker. Und auch noch bequem.

DIE SHOPPING-HAUPTSTADT AIX-EN-PROVENCE

Aix-en-Provence gilt nicht nur als schönste und eleganteste Stadt des Südens. Sie ist auch ideal für einen ausgiebigen Shopping-Bummel. Der beginnt in der Regel auf dem Cours Mirabeau, der schicken Flaniermeile mit prächtigen Herrschaftshäusern, plätschernden Brunnen, Schatten spendenden Platanen und dem legendären Café Les Deux Garçons, in dem schon Paul Cézanne und Émile Zola zu Gast waren. Danach geht es zu den bezaubernden Plätzen und Gassen der Altstadt, wo sich Haute-Couture-Boutiquen, Antiquitätengeschäfte und verführerische Confiserien aneinander reihen. Wer eine bunte Tischdecke für zu Hause und andere provenzalische Stoffe sucht, wird sie bei »Les Olivades« finden (Rue Marius Reinaud 15). Die leckersten Calissons, das traditionelle Mandelgebäck der Stadt, gibt es bei »Calissons du Roy René« in der Rue Papassaudi 7 und bei der Confiserie Bremond in der Rue d'Italie 16. Ein nettes Mitbringsel ist ein Druck von Cézanne – und wer sehen möchte, wie der Meister gelebt und gearbeitet hat, besucht seine Villa im Norden des Zentrums (Atelier Paul Cézanne, Avenue Paul Cézanne 9, Mo-Mi 10-12 u. 14.30-18 Uhr, Eintritt: FF 25). Tipp: Mit Kinderwagen kann der Bummel durch Aix (schon wegen der hohen Bürgersteige) zur Tortur werden – Tragetuch einpacken.

Festkalender

Die Provence feiert gern – und Gäste sind immer willkommen. Klassiker sind die traditionellen Feste im Jahreslauf: Ausgelassene Frühjahrsfeste, Obstfeste im Sommer, Wein- und Erntedankfeste im Herbst, stimmungsvolle Krippenspiele an Weihnachten. Neben diesen tief in der Region verwurzelten Brauchtumsfeiern gibt es eine Vielzahl international renommierter Kulturfestivals.

JANUAR: MOTORSPORT

Lauten Auftakt des jährlichen Festreigens bildet die Rallye Monte Carlo, neben dem Großen Preis von Monaco (Formel 1) das bedeutendste Motorsport-Event Monte Carlos. Die »Monte« ist eines der traditionellsten Rennen überhaupt. Seit 1911 brettern die besten Rallye-Fahrer der Welt mit 300 Sachen über die vereisten Pisten der Seealpen. Und eine Million Zuschauer vor Ort zittern mit (Infos: Tel. 01 42 96 12 23).

FEBRUAR: KARNEVAL ...

Nicht nur im Rheinland, auch in der Provence wird im Februar der Winter vertrieben. Größtes Fest ist der traditionelle Karneval von Nizza. Beim berühmten Blumenkorso auf der Promenade des Anglais lassen hübsche Mädchen Rosen und Nelken gleich tonnenweise von farbenprächtigen Festwagen auf die Menge regnen. Am meisten ist auf der Place Masséna los – hier tritt auch König Karneval seine Herrschaft an. Viel hat er jedoch nicht davon, denn am Ende seiner Herrschaft wird der Pappkamerad öffentlich verbrannt. Die ausgelassenen Feiern, die jedes Jahr unter einem bestimmten Motto stehen, beginnen zehn Tage vor Aschermittwoch und enden mit einem grandiosen Feuerwerk über der Baie des Anges (Infos: Tel. 04 93 92 82 82).

... UND BLUMENFESTE

Blumenfeste läuten auch in Cannes, Bormes-les-Mimosas, Mandelieu/La-Napoule und vielen anderen Städten der Küste den Frühling ein. Berühmt ist die Fête du Citron in Menton, bei der hundert Tonnen Zitronen zum Einsatz kommen. Kontrastprogramm: Beim Internationalen Zirkus-Festival Monte-Carlo zeigen die besten Zirkus-Artisten der Welt, was sie auf dem Kasten haben (Infos: Tel. 01 42 96 12 23).

Feiertage

1. Januar / Neujahr (Jour de l'an)
Ostermontag (Lundi de Pâques)
1. Mai: Tag der Arbeit (1er Mai)
8. Mai: Ende des Zweiten Weltkrieges (Fin de la Seconde Guerre mondiale)
Christi Himmelfahrt (L'Ascension)
Pfingstmontag (Lundi de la Pentecôte)
14. Juli: Nationalfeiertag (Fête nationale)
15. August: Mariä Himmelfahrt (L'Assomption)
1. November: Allerheiligen (Toussaint)
11. November: Waffenstillstand 1918 (Armistice)
19. November: Staatsfeiertag in Monaco
25. Dezember: Weihnachten (Noël)

Pro oder Kontra: Der Stierkampf spielt eine große Rolle in Südfrankreich

APRIL: STIERKAMPF UND FRONLEICHNAMSPROZESSIONEN

Mit der Oster-Féria in Arles wird die Stierkampfsaison eröffnet, mit Stierkämpfen, Bodegas und bunten Ständen, die bis Ende September dauert. Höhepunkt ist die Cocarde d'Or in der ersten Juli-Woche. Blutige Corridas stehen ebenso auf dem Programm wie die eher spielerischen Courses provençales. Große Férias finden auch in Nîmes und Fréjus statt (Infos: Tel. 04 90 18 41 20). Ernster geht es bei den Karfreitagsfeiern zu. Besonders beeindruckend sind die Prozessionen vor der mittelalterlichen Kulisse von Roquebrune-Cap-Martin. Tipp: Im April findet auch das Internationale Tennisturnier von Monte Carlo statt.

MAI: ROSEN, HISTORIE UND SCHNELLE AUTOS

Wenn im Mai die ersten Rosen blühen, feiert Grasse sein Fest zu Ehren der Rose, die u.a. den Ruhm der Dufthauptstadt begründet hat. Um das farbenprächtige Fest rankt sich eine Rosenausstellung, die von Züchtern aus aller Welt besucht wird. Ein Klassiker der Küste ist die Bravade in St-Tropez. Jedes Jahr vom 16. bis zum 18. Mai (und noch mal im Juni) erinnert dieses Volksfest an den Sieg der Tropéziens über die spanische Armada. Die Bürger der Stadt spielen das Ereignis in historischen Kostümen nach (Infos: Tel. 04 94 97 45 21). Sicher das lauteste Event des Jahres ist das Formel-1-Rennen, das immer am Wochenende nach Himmelfahrt in Monte Carlo stattfindet. Wer Schumi & Co mal auf öffentlichen Straßen erleben möchte, muss sich früh genug um einen Platz an der Piste kümmern. Drum herum wird ein riesiges Volksfest gefeiert (Infos: Tel. 01 42 96 12 23).

FILMFEST UND »WOHNWAGENWALLFAHRT«

Jedes Jahr im Mai fällt in Cannes die Klappe für das Filmfestival. Küsschen links, Küsschen rechts – die Prominenz spult das übliche Jetset-Programm ab. Devise: auffallen um jeden Preis. Dutzende von Spielfilmen werden rund um die Uhr abgespult. Für den besten gibt es die »Goldene Palme«. Gesellschaftliche Höhepunkte sind die Gala-Abende im Festivalpalais: Tausende drängeln sich, um zu sehen, wie die Stars den Nobelkarossen entsteigen und dann auf rotem Teppich die Stufen zum Eingang hochstolzieren. Mit Glück erwischt man ein Autogramm (Infos: Tel. 01 45 61 66 00).

Alljährlich am 24./25 Mai brechen Tausende Sinti und Roma aus ganz Europa mit Zelten und Wohnwagen zur Wallfahrt nach Les-Saintes-Maries-de-la-Mer auf. In der Camargue tragen sie die Statue ihrer Schutzpatronin ans Meer und empfangen den Segen der Kirche. Gardians und schöne Arlesierinnen in bunten Trachten führen die Prozession hoch zu Ross an.

JULI/AUGUST: FRÜCHTE, BLUMEN, WEIN ...

Die Sommerfeste eröffnen den zweiten Abschnitt des jährlichen Festreigens. Beim Kirschenfest in Malemort-du-Comtat ziehen Pferdewagen mit Kirschen durch die Straßen – und die Menge darf sich nach Herzenslust bedienen. Recht jung, aber bereits überaus beliebt ist das Melonenfest in Cavaillon mit Markt und prächtigen Paraden. Dufte sind auch die Lavendelfeste in Valensole und Sault mit Wettbewerben im Lavendelschneiden, Folkloregruppen und Umzügen mit geschmückten Wagen. Seit 1946 feiert Grasse ein Jasminfest mit Folkloretänzen und Umzügen. Für die Deko werden 150.000 Blumen verwendet. Höhepunkt ist die Blumenschlacht (Tel. 04 93 36 66 66). Schon Ende August steigen in der Provence die ersten Weinfeste. Ein Klassiker ist die »Fête de la Véraison« in Châteauneuf-du-Pape. Dabei wird nicht nur die Reife der ersten Traube gefeiert, sondern auch ein dreitägiges Mittelalterfest mit Kostümparade, Ritterturnier, deftigem Essen und sehr viel gutem Wein.

Im Hochsommer finden in Avignon, Orange und Aix-en-Provence drei der bedeutendsten Kulturfestivals des Landes statt. Das 1947 gegründete Festival d'Avignon ist heute das größte und wichtigste Theaterfestival Europas. Klöster, Domfelsen, Plätze, Hausboote und der Hof des Papstpalastes – für vier Wochen wird die ganze Stadt zur Bühne. Im Rampenlicht bringen Ensembles aus aller Welt über 400 klassische und moderne Stücke zur Aufführung. Parallel findet ein »Off«-Festival statt – mit freien Theatergruppen, Feuerschluckern und Jongleuren. Eine Million Besucher wollen das Spektakel jedes Jahr sehen (Infos: Tel. 04 90 27 66 50).

Die Festspiele von Orange (Chorégies d' Orange) zählen zu den besten Musikveranstaltungen der Welt. Als einzigartige Kulisse für Opern und Konzerte dient das römische Amphitheater. Fast 9.000 Zuschauer finden hier unter freiem Himmel Platz. Größen wie Placido Domingo, Luciano Pavarotti, José Carreras und Montserrat Caballé haben hier schon Arien in die Nacht geschmettert (Infos: Tel. 04 90 34 24 24).

Ebenfalls ein Ereignis von europäischem Rang sind die Opern- und Musikfestspiele in Aix-en-Provence, bei denen Meisterwerke berühmter Komponisten in würdigem Rahmen präsentiert werden (u.a. Erzbischofspalast). Kleiner Wermutstropfen sind die saftigen Eintrittspreise bis FF 1.000 (Infos: Tel. 04 42 17 34 34).

An der Côte d'Azur gibt im Sommer der Jazz den Ton an. Ältestes und schönstes Jazz-Event Europas ist das Internationale Jazzfestival in Juan-les-Pins. Seit Jahrzehnten wird dort alljährlich in der zweiten Juli-Woche im Kiefernwald Gould musiziert. Die mystisch-entspannte Kulisse direkt am Meer zieht Stars aus aller Welt an: Ella Fitzgerald, Louis Armstrong, Count Basie, Mahalia Jackson und Duke

Kinder an die Macht!

Seit 1504 wird in Valréas die »Nuit de Petit St-Jean«, die Nacht des heiligen Johannes, gefeiert. Am Abend des 23. Juni ziehen etwa 400 kostümierte Schauspieler bei Fackelschein zum Château de Simiane, um ein vierjähriges, in ein Lammfell gehülltes Kind zum »Petit St-Jean« zu krönen – es regiert dann für ein Jahr die Stadt. Um diesen (leider nur) symbolischen Akt gruppiert sich ein rauschendes Volksfest.

Avignon: Theater vor der historischen Kulisse des Papstpalastes

Ellington haben vorbeigeschaut (Infos: Tel. 04 92 90 53 00). Tipp: Jazz-Größen treffen sich auch in den Gärten von Nizza-Cimiez (Tel. 04 93 92 82 82).

SEPTEMBER/OKTOBER: ERNTEDANK

Der September ist die Zeit der Erntedankfeste. Eines der schönsten wird in Biot gefeiert. Aber auch das Reisfest in Arles mit Corridas, Konzerten und Corso lohnt einen Besuch. In Mouriès (Alpilles), wo eines der besten und würzigsten Olivenöle des Landes hergestellt wird, trifft man sich zum zweitägigen Olivenfest mit provenzalischen Tänzen und Stierkämpfen. Le Luc feiert den traditionellen Pferdemarkt. Und im ganzen Land steigen zünftige Winzerfeste. Naschkatzen aufgepasst: Im Oktober findet in Apt die Süßwarenmesse statt. Und bei der Fête de la Châtaigne in Collobrières werden Esskastanien aufgetischt.

DEZEMBER: WEIHNACHTEN

Ein unvergessliches Erlebnis ist Weihnachten in der Provence. Beeindruckend ist die Hirtenweihnacht in Les Baux. Bei den Mitternachtsmessen führen die Einwohner vieler Orte (z.B. Séguret) traditionelle Krippenspiele auf.

Flora & Fauna

Während einige Pflanzen seit Jahr und Tag in der Provence ansässig sind, wurden andere erst später hier angesiedelt. 600 v. Chr. brachten die Griechen Weinstöcke, Oliven-, Feigen- und Nussbäume ins Land. René der Gute (siehe Seite 152) holte aus Persien den Maulbeerbaum in die Provence. Ein Förster brachte 1861 Zedernsamen aus dem marokkanischen Atlas-Gebirge, um sie bei Bonnieux einzupflanzen. Und im 19. Jahrhundert peppten die Engländer die Winterkurorte der Côte d'Azur mit allerlei exotischen Gewächsen auf, darunter diverse Arten von Palmen. Bereits 1864 hatte Graf Vigier, seines Zeichens Hobby-Gärtner, von den Kanarischen Inseln erstmals Palmen in Südfrankreich eingeführt. 1867 kam die erste Saat nach Hyères, das zum Palmengarten der Riviera wurde. 1885 pflanzte Vigier in Nizza drei Setzlinge - was daraus wurde, kann man auf der Promenade des Anglais (Seite 89) bewundern.

Immer hungrig!

Und wussten Sie, dass auch die Platane aus dem Ausland stammt? Der französischste aller Bäume, der auf zahlreichen Plätzen und Straßen Schatten spendet, wurde aus Amerika importiert.

UR-VEGETATION UND EXOTEN-SCHILDKRÖTE

Ursprünglich bedeckten dichte Laub- und Nadelwälder die Provence. Durch das Eingreifen des Menschen und verheerende Waldbrände ist davon allerdings nicht mehr viel übrig. Heute gedeihen auf den trockenen Böden vorwiegend anspruchslose Gewächse, verschiedene Sträucher (Garrigue) sowie widerstandsfähige Pinien und (Aleppo-)Kiefern. Überall präsent ist der Olivenbaum. Zur ursprünglichen Vegetation der Provence gehören vor allem Edelkastanie und Hainbuche. In den Wäldern findet man Pilze, im Tricastin sogar Trüffel (siehe Seite 19 und Kasten Seite 137). Die dichten Korkeichenwälder des Mauren-Massivs sind der ideale Lebensraum für einen Exoten: die Griechische Landschildkröte. Wer ihr auf seinen Wanderungen durch die Wälder nicht begegnet, fährt ins Schildkrötendorf von Gonfaron, wo 2.500 Tiere gezüchtet werden (Village des Tortues, Tel. 04 94 78 26 41. Tägl. 9-19 Uhr, Nov-Feb geschl. Eintritt: Erw. FF 30, Kinder unter 16 Jahren frei).
An der Küste sorgt das milde Klima für eine äußerst vielfältige Vegetation. Agaven, Kakteen und Zypressen fühlen sich hier wohl. In Menton, dem wärmsten Ort der Côte d'Azur, gedeihen sogar Zitronen, Orangen, Bananen und Datteln.

DIE DÜFTE DER PROVENCE

Über dem Land liegt der Duft provenzalischer Kräuter. Rosmarin, Thymian, Basilikum, Majoran verbreiten ihr angenehmes Aroma. Und natürlich Lavendel, das

Blütenpracht des Südens

Symbol der Provence. Lavendelhauptstadt ist Sault am Rande des Plateau d'Albion. Jedes Jahr von Anfang Juli bis Mitte August färbt sich die Landschaft blau. Man unterscheidet übrigens zwischen der »echten« Lavendelpflanze, die erst in 800 Metern gedeiht, und deren hybridem Vetter Lavandin. Der Unterschied ist beachtlich. Während ein Kilo Lavendel FF 350 kostet, ist dieselbe Menge Lavandin bereits für FF 65 zu haben.

BLÜTENPRACHT

Der Blumenreichtum der Küste ist legendär. Größtes Gartenbauzentrum weit und breit ist Antibes. Hier werden Rosen, Tulpen und Nelken gezüchtet und auf dem berühmten Blumenmarkt (Di-So) zum Kauf angeboten. Auch in Hyères züchtet man Blumen (Rosen, Ringelblumen, Schwertlilien, Tulpen und Gladiolen) und exportiert sie in die weite Welt. Rund um Grasse konzentriert man sich auf die Blüten. Hier werden Rosen, Jasmin, Lavendel und Veilchen auf riesigen Feldern für die Parfümherstellung gezüchtet.

DIE GÄRTEN DER CÔTE D'AZUR

Ein ganz besonderer Zauber liegt über den Gärten der Côte d'Azur. Die meisten (zwei Dutzend) hat Menton. Sehenswert ist vor allem der Jardin de la Villa Marina Serena. Um das imposante Villenanwesen von 1880 erstreckt sich ein herrlicher Park mit seltenen Palmen und wunderschönen Aussichtsterrassen (Promenade Reine Astrid 21). La Serre de la Madone, etwas außerhalb gelegen, ist für viele der schönste Park Mentons – ein Garten Eden mit subtropischen Gewächsen, moosigen Statuen und verträumten Weihern (Route de Gobio 74). Fast alle Gärten Mentons können im Rahmen einer Führung besichtigt werden (Infos beim Fremdenverkehrsamt Menton, Tel. 04 93 57 57 00).

EXOTISCHES, HEIMISCH GEWORDEN

Entlang der Küste gibt es eine ganze Reihe exotischer Gärten. Besonders gelungen ist Monacos Jardin exotique, der grandios an einem Steilhang unterhalb der Moyenne Corniche liegt. Dank des feuchtwarmen Mikroklimas gedeihen hier exotische Wüsten- und Tropengewächse, darunter sehr viele Kakteenarten. Tropfsteinhöhle und Traumblick über Monaco, das Cap Martin und die italienische Riviera machen den Besuch richtig rund. Etwas weiter westlich, am Cap Ferrat, breitet sich rund um die Villa Ephrussi einer der spektakulärsten Parks der Küste aus. Das florale Kunstwerk aus dem Jahr 1905 besteht aus einem zentralen Garten in Form einen Bootes und umliegenden Themengärten (siehe Kasten Seite 93). Ältester exotischer Garten der Küste ist der Jardin Thuret am Cap d'Antibes. Der Botaniker Gustave Thuret hat den vier Hektar großen Garten 1856 angelegt – und pflanzte auch den australischen Eukalyptusbaum an, der sich von hier aus über die Küste (und Europa) ausbreitete (Boulevard du Cap 41, Mo-Fr 8-17.30 Uhr. Eintritt frei).

Grüner Stolz von Le Rayol (siehe Seite 72), einem schönen Badeort westlich von Cavalaire-sur-Mer, ist die Domaine du Rayol mit prachtvoller Art-déco-Villa und einem fünf Hektar großen Garten, der in seinen besten Zeiten ein Dutzend Gärtner gleichzeitig beschäftigt hat. 1989 kaufte die Kommune das heruntergekommene Anwesen und wandelte es in einen prachtvollen botanischen Garten mit Hunderten von exotischen Pflanzen um, die bis ans Meer reichen (Avenue des Belges, Tel. 04 94 05 32 50. Tägl. 9.30-12.30 u. 14.30-18.30 Uhr. Eintritt: Erw. FF 40, Kinder FF 20).

MEHR ALS STIERE UND PFERDE

Besonders vielfältig sind Flora und Fauna in den Naturparks der Provence. Und es gibt hier mehr zu sehen als schwarze Stiere und weiße Pferde in der Camargue. Ein Paradies für Naturfreunde ist der Parc Naturel Régional du Lubéron (siehe Seite 112). Weinstöcke, Eichen, Zedern, Lavendel, Zistrosen und Kirschbäume (unbedingt mal davon kosten!) fühlen sich hier ebenso wohl wie der seltene Habichtsadler, der Schmutzgeier, meterlange Schlangen, Skorpione und Touristen, die den Lubéron als prima Alternative zur Toskana entdeckt haben. Im Lubéron gibt es eine Vielzahl von Naturlehrpfaden, die nur darauf warten, entdeckt zu werden (Infos bei der Parkverwaltung unter Tel. 04 90 04 42 00).

Mehr als Schotterkuppen und schöne Ausblicke hat auch der Mont Ventoux (siehe Seite 110) zu bieten. Der höchste Berg der Provence wurde von der Unesco nicht ohne Grund zum Biosphärenreservat erklärt. Immerhin weist er vielfältige Landschaften und eine einzigartige Pflanzenwelt auf. In den unteren Regionen gedeihen Eichen, Buchen, Lärchen, Tannen, Zedern und Pinien. Weiter oben findet man nur Moose und Flechten.

MURMELTIERE & CO

So richtig interessant wird es in den Seealpen. Highlight für Naturfreunde ist der Parc National du Mercantour. Er erstreckt sich auf ca. 130 Kilometer Länge entlang der französisch-italienischen Grenze mit 3000er Gipfeln, Bergwäldern, Gletscherseen, tief eingeschnittenen Schluchten und tollen Aussichten. Wenn der Schnee geschmolzen ist, erblühen hier 2.000 verschiedene Pflanzenarten, darunter Enzian und Edelweiß. Auch die Tierwelt ist phänomenal: Wanderfalken, Murmeltiere, Mufflons, Steinböcke, Gemsen, Steinadler und Lämmergeier, ja sogar Wölfe sind hier zu Hause. Der Park ist mit 600 Kilometer Wanderwegen voll erschlossen. Ein guter Ausgangspunkt für Park-Erkundungen ist das Roya-Tal. Von hier aus werden auch eine Reihe von Führungen angeboten (Parc National du Mercantour, Centre d'Information, Rue d'Italie 25, 06000 Nice, Tel. 04 93 87 8610).

Zickige Zikaden

Eines der kleinsten Tierchen Südfrankreichs ist zugleich das schrillste. Die Zikade gehört zur Côte d'Azur wie Sonne und Meer. Im Sommer ist sie nicht immer zu sehen, aber fast überall zu hören. Besonders an lauen Sommerabenden spielt sie lautstark auf. Die einen lassen sich gern von den zirpenden Insekten in den Schlaf singen, für andere sind's einfach nur Schlaf raubende Nervensägen. Bei allen beliebt ist dagegen der Gecko, der meist zum Inventar einer Ferienwohnung an der Küste gehört und der – im Unterschied zu den Zikaden – lautlos auf Insektenjagd geht.

Urlaubsfotos kinderleicht

Im Urlaub sieht alles anders aus: Häuser und Straßen, das Essen, der Blick aus dem Fenster, die Menschen und die Kühe auf der Weide. Und das Tollste: Kinder und ihre Eltern haben jede Menge Zeit, diese so ganz andere Welt auf Fotos festzuhalten. Damit Ihre Urlaubsfotos gelingen, gibt Olympus Ihnen hier ein paar wertvolle Tipps.

KINDERLEICHT FOTOGRAFIEREN

Einfache, robuste und zum Teil sogar wasserfeste Automatikkameras machen Fotografieren heute kinderleicht. Beachtet werden muss lediglich der Ausschnitt, sonst passiert es schon mal, dass auf dem Foto - schwuppdiwupp - plötzlich der Kopf »abgeschnitten« ist.

AUF DEN BLICKWINKEL KOMMT ES AN

Achten Sie doch mal auf die Perspektive. Die meisten Fotos entstehen immer aus demselben Blickwinkel: Der Fotograf steht da, hält die Kamera möglichst waagerecht und drückt ab. Manchmal kann es aber sehr reizvoll sein, Dinge von weit oben oder unten aufzunehmen. Zum Beispiel den kleinen Bruder auf dem Skateboard - von unten betrachtet, wirkt er plötzlich ganz schön groß.

Ganz schön aufregend: Wählen Sie doch mal eine andere Perspektive

Nicht ganz einfach zu fotografieren: Motive an Strand oder Pool

SCHWIERIGES LICHT

Wer eine verschneite Winterlandschaft bei Sonne oder den Badestrand am Mittag fotografieren möchte, kann nicht einfach den Auslöser drücken. Der integrierte Belichtungsmesser ist mit den extremen Lichtverhältnissen überfordert. Kleine und große Fotografen sollten hier mit der Gegenlichtkorrekturtaste fotografieren, die bei vielen Kameras eingebaut ist. Eine andere Möglichkeit ist, das Motiv mit Spotmessung richtig zu belichten. Wie die genau funktioniert, variiert von Kamera zu Kamera. Die Bedienungsanleitung hilft weiter.

VORSICHT BEIM BLITZEN

Automatikkameras sind heute kinderleicht zu bedienen. Dank Blitz und automatischer Belichtung sind Fotos selten zu dunkel. Doch der Blitz hat seine Tücken. Er wird von Glasscheiben reflektiert oder wirft hässliche Schatten an die Wand. Darum aufgepasst: Möglichst keine Menschen direkt vor Spiegel, Fenster oder einer weißen Wand knipsen. Übrigens: Die merkwürdigen roten Augen auf Fotos verschwinden, wenn man die Vorblitzfunktion einstellt. Dann blitzt die Kamera einmal oder mehrmals vor dem Auslösen, und die Augen des Fotografierten stellen sich auf die Helligkeit ein.

Digitale Fotografie

Auch Amateure entdecken zunehmend die Vorteile digitaler Fotografie. Umständliches Einlegen von Filmen ist hier passé. Denn der digitale Fotoapparat speichert alle Daten auf einem Chip, der Smart Media Karte. Zu handhaben ist die digitale Kamera wie jede andere auch: Sie schauen durch einen Sucher und drücken den Auslöser.

Spaß mit digital bearbeiteten Bildern: Lassen Sie Ihrer Fantasie freien Lauf!

NUR NOCH GELUNGENE FOTOS

Der große Vorteil: Sofort nach dem Auslösen können Sie auf dem LCD-Monitor einen Blick auf Ihr »Foto« werfen, es per Tastendruck löschen, falls es missglückt sein sollte, und das Motiv ein zweites Mal ablichten. Außerdem praktisch: Da die Filmentwicklung unnötig geworden ist, sparen sich Besitzer der Hightech-Kamera den Weg zum Fotogeschäft. Stattdessen werden die Daten aus der Kamera direkt in den Computer eingespeist, wo Sie sich die Bilder nicht nur auf dem Monitor anschauen, sondern auch bequem archivieren können.
Ein weiteres großes Plus: Auf dem Monitor ist es mit entsprechender Bildbearbeitungssoftware bei Bedarf möglich, die Fotos nachzubessern. Zudem können Sie die Bilder problemlos als E-Mail-Anhang verschicken oder ins Internet stellen. Und zum Vorzeigen können Sie selbstverständlich jedes Bild auch drucken – entsprechendes Fotodruckpapier gibt es im Fachhandel.

Für gestochen scharfe Digi-Bilder: die Olympus CAMEDIA C-2040 ZOOM

VERRÜCKTER BILDERSPASS

Mit etwas Übung werden per digitale Bearbeitung kleine Kunstwerke aus Ihren Bildern. Neben der Verbesserung Ihrer Fotos können Sie sich nämlich auch den Spaß machen, sich aus Urlaubsschnappschüssen verrückte Fotomontagen und Collagen am Computer selbst zu »basteln«. Setzen Sie doch mal eine Giraffe auf schneebedeckte Berge oder Ihre Familie auf Skiern an den Strand.

GRUSSKARTEN LEICHT GEMACHT

Oder wie wäre es einmal mit selbst gemachten Weihnachts- oder Geburtstagskarten? Dazu können Sie z.B. das Geburtstagskind per Collage in seinen Lieblingsstar verwandeln.
Schon gewusst? Digitale Kameras sind in unterschiedlicher Ausführung bereits ab DM 600 zu haben.

Geschichte

EINE MILLION JAHRE VOR UNSERER ZEIT

Wie das ganze Land, so war auch der sonnenverwöhnte Süden Frankreichs bereits in vorgeschichtlicher Zeit besiedelt. Die ältesten Spuren menschlichen Lebens wurden bei Roquebrune am Cap Martin gefunden – sie sind fast eine Million Jahre alt. Ein paar Hunderttausend Jahre später tauchte der Cro-Magnon-Mensch auf. Dieser schlaue Jäger, Nachfahre des Neandertalers und Vorfahre des Homo sapiens, schlug sein Lager vor 400.000 Jahren in der Gegend von Nizza auf. Im Laufe der Jahrtausende wurden aus Jägern und Sammlern Ackerbauern und Viehzüchter. Ligurer nennt man heute jene Ur-Provenzalen, die in der Bronzezeit zwischen Genua und Marseille Dörfer gründeten und Hütten aus Stein (Bories) bauten, die man bei Gordes besichtigen kann (siehe Seite 112). Sie betätigten sich auch künstlerisch. 30.000 mysteriöse Bilder, die vor 3.500 Jahren in die Felsen des Vallée des Merveilles geritzt wurden, zeugen von ihrem Talent.

Ein Tal voller Geheimnisse

Lust auf eine Expedition in die Urzeit? Dann nichts wie ab ins Vallée des Merveilles. Dieses Nebental der Roya liegt im Parc National du Mercantour. Faszinierende Attraktion sind Zehntausende mysteriöser Felsbilder, die unsere Vorfahren vor rund 3.500 Jahren in den Fels geritzt haben. Im Sommer kann man an eintägigen und mehrtägigen Führungen in dieses Gebiet teilnehmen. Infos gibt's bei Destination Merveilles, Tel. 04 93 16 08 72.

GRIECHEN UND RÖMER

Um 800 v. Chr. zogen keltische Stämme aus dem Norden in die Provence und vermischten sich mit den ansässigen Ligurern. Etwa zur gleichen Zeit begann die griechische Kolonisation. 600 v. Chr. gründeten Griechen aus Phokäa in Kleinasien die Handelsniederlassung Massalia (Marseille). Die Kolonisten brachten Oliven, Wein, Vasen und eine Hochkultur, die bald ganz Gallien eroberte. In schneller Folge entstanden weitere Handelsplätze an der Küste, darunter Antipolis (Antibes), Athenopolis (St-Tropez), Monoëcus (Monaco), Nikaia (Nizza), Olbia (Hyères) und Theline (Arles). Über Jahre trieben die Griechen friedlichen Handel mit der Urbevölkerung. 125 v. Chr. kam es dann zum Knall. Massalia fühlte sich bedroht und rief die Römer zuhilfe. Die kamen, siegten – und gingen nicht wieder fort. Stattdessen setzten sie sich an der Küste fest, gründeten Aquae Sextiae (Aix-en-Provence) und installierten »Gallia Narbonensis«, die erste provincia (davon ist der Name »Provence« abgeleitet) jenseits der Alpen. Doch das Gebiet, das im Norden bis Lyon und im Westen bis zu den Pyrenäen reichte, kam so schnell nicht zur Ruhe. Insbesondere die Kimbern und Teutonen setzten den Römern gehörig zu. Marius schlug sie 102 v. Chr bei Aix. Und jeder Lateinschüler, der einmal über »De bello Gallico« gebrütet hat, weiß, dass Julius Cäsar den Rest besorgte: Zwischen 58 und 51 v. Chr. unterwarf er ganz Gallien. Aber es brodelte weiter. Erst 14 n. Chr. schaffte es Augustus, die germanischen Alpenstämme zu unterwerfen.

SARAZENEN UND EIN GUTER KÖNIG

Im 5. Jahrhundert ging dem römischen Reich die Puste aus und die Provence versank für ein paar Jahrhunderte im

Aus der Römerzeit stammt das Théâtre antique in Arles

Wasserspeier wie dieser sollten Dämonen abwehren

Dunkel der Geschichte. Westgoten, Ostgoten, Burgunder, Franken und Karolinger prügelten sich um die Macht. Hinzu kamen die verwüstenden Raubzüge der Sarazenen, deren Schiffe immer wieder vor der Küste auftauchten und die ihre Siege in einer Burg beim heutigen La Garde-Freinet im Mauren-Gebirge begossen. Erst Anfang des 11. Jahrhunderts räumten die Grafen der Provence kräftig auf. Unter ihrer Regie kam die Landwirtschaft in Tritt. Klöster und Kirchen wurden gebaut, Troubadoure verwandelten Burgen in Liebeshöfe, und die Städte wuchsen, allen voran Avignon, das zur prächtigen Papststadt ausgebaut wurde. Unter der Herrschaft mächtiger Feudalherren entwickelte sich die Provence zu einem eigenständigen Land. Erst als René von Anjou, der »gute König René«, 1480 starb, fiel die Provence an Frankreich. Danach wurde es wieder etwas ungemütlicher. Wie in ganz Europa erschütterten Glaubenskriege das Land.

DIE REVOLUTION UND IHRE KINDER

Nach dem Sturm auf die Bastille am 14. Juli 1789 brach das Ancien Régime über Nacht zusammen. Mit ihren Prinzipien der Freiheit, Gleichheit und Brüderlichkeit stellte die Französische Revolution die Welt auf den Kopf. Frankreich bekam ein neues Staatsgebilde - und als Mitgift der Provence die Nationalhymne (Marseillaise) und die rot-weiß-blaue Trikolore (ehemals Fahne der Stadt Martigues). Wünsche nach mehr Eigenständigkeit gingen allerdings nicht in Erfüllung. Stattdessen wurde die Einheit der alten Provence durch die Bildung der »Départements« für immer zerstört. Man war jetzt noch stärker auf den Zentralstaat fixiert - und das hat sich trotz Schaffung eines gewählten Regionalparlaments bis heute kaum geändert. Die Revolution fraß ihre Kinder, geriet außer Kontrolle - bis 1799 General Napoléon Bonaparte nach einem Staatsstreich die Macht übernahm. Der Rest ist bekannt: Niederlage in Russland, Verbannung nach Elba, Comeback in Golfe-Juan, Waterloo und St-Helena (siehe Kasten Seite 153). Es folgten die Restauration unter den Bourbonen, die Machtübernahme des Bürgerkönigs Louis-Philippe (1830), die Ausrufung der Zweiten Republik nach seinem Sturz 1848.

19. UND 20. JAHRHUNDERT

Nach Krisen und Revolten kehrte langsam Frieden in Frankreichs Süden ein. Endlich konnte man sich auf andere Dinge konzentrieren - zum Beispiel auf den Tourismus. Der hatte schon im 18. Jahrhundert zaghaft seine Blüten entfaltet. Im 19. Jahrhundert wurde die (von da an auch mit der Eisenbahn erreichbare) Küste dann zum bevorzugten Winterkurgebiet russischer Adliger und britischer Lords. Heerscharen tuberkulöser Blaublüter reisten an die Côte d'Azur. Wenn das Meer ruhig sei, würde man »nichts mehr als Husten hören«, spottete der Kunsthistoriker Jacob Burckhardt. Die vermögenden Besucher bauten sich Villen, Gärten, Hotelpaläste, Prachtpromenaden und vergnügten sich im 1878 errichteten Kasino von Monte Carlo. Der Süden zog aber auch Künstler und Literaten an. Nietzsche, Renoir, Signac schauten vorbei, und nach dem Ersten Weltkrieg versammelte sich in Sanary-sur-Mer die komplette deutsche Geistesgeschichte des 20. Jahrhunderts.

Durch den Zweiten Weltkrieg wurde der Ort vielen zum Zwangsexil. Der Süden gehörte zwar zur unbesetzten Zone. Repressalien und Deportationen waren aber auch hier an der Tagesordnung. Die Kämpfer der Résistance wehrten sich mit dem Mut der Verzweiflung gegen die Besatzer. Als deutsche Truppen im November 1942 einmarschierten, versenkte sich die französische Flotte im Hafen von Toulon selbst. Im August 1944 landeten Truppen der Alliierten an mehreren Stellen der südfranzösischen Küste und vertrieben die Unterdrücker. Am 15. September 1944 war die Provence schließlich befreit.

Nach dem Krieg atmete die Region erst einmal tief durch, erholte sich aber nur sehr langsam von Leid und Verwüstung. Doch mit der Zeit kam alles wieder in Gang. Nizza feierte die Eröffnung des Flughafens, Cannes seine Filmfestspiele. Und Marseille, Frankreichs größter Hafen, wurde Zentrum der Öl- und Werftindustrie - und sozialer Brennpunkt: Die Stadt nahm die meisten der Immigranten auf, die nach Algeriens Unabhängigkeit (1962) zu Hunderttausenden aus Nordafrika ins Land strömten. Der Aufstieg rechtspopulistischer Gruppen war die Folge. Von alldem bekommt man als Tourist nicht viel mit. Nicht zu übersehen sind dagegen die Bausünden der Sechziger- und Siebzigerjahre. Über viele Kilometer wurde die Küste mit Bettenburgen zugepflastert, die die meisten der fünf Millionen Touristen aufnehmen, die die Region jährlich besuchen. Aber spätestens seit Peter Mayles Romanen treibt es immer mehr Touristen auch ins Landesinnere. Die meisten sind auf der Suche nach der guten alten Provence, die Frédéric Mistral (siehe Kasten Seite 6) im vorletzten Jahrhundert besungen hat - und manche finden sie sogar.

Der Weg Napoléons

Nach dem Debakel des Russlandfeldzuges dankte Napoléon im März 1814 als Kaiser ab. Ein Boot brachte ihn in die Verbannung nach Elba. Doch Napoléon hielt es nicht lange auf der Insel aus und flüchtete nach Südfrankreich. Am 1. März 1815 landete der Petit Caporal in Golfe-Juan. Von der Küste marschierte Napoléon nach Norden, um sich das Kaiserreich zurückzuholen, das man ihm genommen hatte. Nach 100-tägiger Herrschaft wird der Feldherr in Waterloo endgültig geschlagen. Diesmal verbannt man ihn weit weg auf die Insel St. Helena im südlichen Atlantik, wo er 1821 stirbt. Der Weg, den er damals beschritt, heißt heute Route Napoléon. Die Straße führt von der Küste über Grasse und Digne nach Grenoble.

Sport

Mit dem Surfbrett das Meer durchpflügen, im Heißluftballon den Lubéron erkunden, in einer unterirdischen Stadt tauchen oder eine ganze Halbinsel umwandern. Die Provence bietet eine Unzahl von Möglichkeiten für Sport mit der ganzen Familie - und wenn der Herr Papa mal nervt, schickt man ihn eben in die Luft ... Paragliding, Drachenfliegen und Parasailing stehen zur Wahl - oder der Heißluftballon.

ANGELN

Angeln ist in Südfrankreich Volkssport. In jedem Küstenort halten Erwachsene ihre Angelruten ins Meer und hoffen auf einen fetten Fang. Derweil gehen die Kinder mit Keschern auf Jagd. Während für das Angeln fast überall an der Küste keine besondere Erlaubnis erforderlich ist, braucht man für die Binnengewässer eine Lizenz. Man erhält sie bei der Fédération départementale de pêche in Nizza (Tel. 04 93 72 06 04).

Mit dem Rad durch den Lubéron

Ein fast hundert Kilometer langer markierter Radweg führt von Cavaillon über Apt nach Forcalquier. Am Wegesrand liegen Lavendelfelder, Kirschgärten und klassische Provencedörfer wie Oppède-le-vieux, Ménerbes, Lacoste und Bonnieux. Es geht auch schon mal steil bergan, aber jede Anstrengung wird mit fantastischen Aussichten belohnt. Spezielle Informationstafeln geben praktische Infos zu Übernachtungsmöglichkeiten, Schwimmbädern, Fahrradverleih, Werkstätten etc. Maison du Parc du Lubéron, 84400 Apt, Tel. 04 90 04 42 00.

FLIEGEN

Flugsportler (Paraglider, Drachenflieger, Parasailer) treffen sich vor allem in den Seealpen. Der Herr Papa kann aber auch am Strand der Côte d'Azur in die Luft gehen. Vielerorts (z.B. in Nizza) ist Parasailing am Strand möglich. Absolut einzigartig ist die Tour mit dem Heißluftballon über den Lubéron. Sie wird ganzjährig in Roussillon angeboten (Tel. 04 90 05 41 66 oder Tel. 04 90 04 67 49). Nicht weit davon, in Rustrel, gibt es eine Paraglidingschule (Tel. 04 90 04 96 53).

GOLF

Golf ist auch in Frankreich kein Volkssport. Wer's trotzdem versuchen möchte, klingelt bei den Tourismusorganisationen des jeweiligen Départments an (siehe Seite 124/125), die einen Guide zum Thema herausgeben. Der älteste Golfplatz der Region befindet sich in Mandelieu - er wurde 1891 gegründet. Am schönsten sind jedoch die Fairways des Golfplatzes von Vievola. Er liegt bei Tende hoch oben in den Seealpen.

KANU

Kanus kann man an fast allen Badeorten der Küste ausleihen. Im Landesinneren empfiehlt sich eine Kanutour auf der Sorgue. (Infos bei der Fédération Française de Canoe-Kajak, Tel. 01 48 89 39 89).

RAFTING

»Aqua Verdon« bietet im Grand Canyon du Verdon Wildwassersport im Paket, ein Abenteuer-Mix aus Rafting, Canyoning, Kanu, Kajak. Zweimal täglich (9.30 und 14 Uhr) geht es auf Tour. Treffpunkt ist der Parkplatz an der Piscine Municipal (Tel. 04 92 83 72 75 und Tel. 06 12 02 55 47, tägl. 1. April bis 31. Okt. Kosten: Erw.

Für jede Größe findet sich das passende Pferd!

FF 200-330 (1/2 Tag), FF 400-500 (ganzer Tag), Kinder: FF 160-200 bzw. FF 360-500.

KLETTERN & BERGSTEIGEN

Die Provence ist ein Paradies für Bergsteiger. In letzter Zeit testen immer mehr Freeclimber an den steilsten Hängen die Güte ihrer Fingernägel. Beliebte Spots sind die Calanques bei Marseille, die Steilwände der Verdon-Schlucht, die Alpilles, der Lubéron, das Dentelles-Massiv und der Mercantour-Nationalpark. Es gibt Routen aller Schwierigkeitsgrade. Informationen über organisierte Kletter-Trips geben die lokalen Fremdenverkehrsbüros und der Club Alpin France (Tel. 04 93 62 59 99).

RADFAHREN

Frankreich ist fahrradverrückt. Jeder scheint irgendwie bei der Tour de France mitzufahren. Eine der größten Herausforderungen für Rennfahrer ist der Mont Ventoux, der oft als eine der härtesten Etappen im Brennpunkt der Tour de France steht. 1967 überanstrengte sich hier der britische Radrennfahrer Tom Simpson und starb. Ein Gedenkstein erinnert an das tragische Ereignis. Wer sich nicht abschrecken lässt: Die Auffahrt beginnt bei Bedoin. Der Mont Ventoux ist übrigens auch ein hervorragendes Gebiet für Mountainbiker. Hier gibt es insgesamt 270 Kilometer Querfeldeinstrecken, die nach Schwierigkeitsgrad markiert sind (weitere Infos beim Fremdenverkehrsamt Bedoin, Tel. 04 90 65 63 95).

Ein wahres Paradies für Radfahrer sind die Camargue und die Ile de Porquerolles (siehe Touren 2 und 5). Einige der schönsten Radwege führen durch den Lubéron (siehe Kasten Seite 154).

REITEN

Das Nonplusultra für Reitfans ist die Camargue. Aber auch im Lubéron, in den Alpilles am Verdon-Canyon und rund um Forcalquier kann man hoch zu Ross durch die Landschaft traben. Weitere Infos bei den Touristenbüros der jeweiligen Départements (siehe Seite 124) und beim Comité Départemental de Tourisme Equestre/CDTE, Tel. 04 92 31 27 50). Tipp: Im Lubéron werden mehrtägige Reittouren angeboten. Spannend ist auch ein Besuch der Pferderennbahn in

Cagnes-sur-Mer (Tel. 04 93 22 51 00. Eintritt: Erw. FF 30, Kinder bis 16 Jahre frei).

SURFEN & SEGELN

Ideale Bedingungen finden Surfer an der Halbinsel von Giens. Bei Ostwind zerpflügen sie am Bergerie-Strand im Osten die Wellen, bei Mistral treffen sie sich an der Plage d'Almanarre im Westen. Ein Top-Spot ist auch die Küste bei Saintes-Maries-de-la-Mer. In Marseille trifft man sich gern am Prado-Strand (siehe Seite 26). Beste Bedingungen herrschen auch vor der Halbinsel von Six-Fours. Surfbretter können in jedem größeren Badeort ausgeliehen werden. Vor Ort gibt es eine Reihe von Surfschulen. Auch Segeln kann man vor Ort lernen. Teilweise werden auch Anfängerkurse speziell für Familien und Kinder geboten. Es gibt außerdem eine Vielzahl von Mitsegel-Möglichkeiten.

TAUCHEN

Tauchen kann man eigentlich überall an der Küste. Die schönsten Reviere befinden sich an den felsigen Abschnitten. Eine Taucherhochburg sind die Calanques bei Marseille. Sie bieten tolle Sichtweiten und eine interessante Meeresflora und -fauna. Gute Tauch- und Schnorchelreviere gibt es auch vor der Küste des roten Esterel-Gebirges. Hier trifft man sich vor allem bei Agay, wo sich fette Barsche und murrige Muränen tummeln; im klaren Wasser gedeihen sogar Edelkorallen. In geringer Tiefe befinden sich mehrere Wracks – und eine künstliche antike Unterwasserstadt, die Jean Cousteau als Kulisse für einen Film errichten ließ. Der schönste Tauchgrund für Kinder ist der Unterwasserlehrpfad der Insel Port-Cros (siehe Seite 69). Doch Tauchen will gelernt sein. Wer zu Hause noch keinen

Ein unvergessliches Erlebnis: Kajaktour durch den Canyon du Verdon

Kurs gemacht hat, kann eine Tauchschule besuchen, die es in vielen Badeorten gibt. Manche (z.B. in Marseille) bieten auch spezielle Kurse für Kinder an. Infos bekommt man bei den örtlichen Fremdenverkehrsämtern oder beim Comité Régional de Provence des Sports Sous-Marins (Tel. 04 91 09 36 31).

TENNIS

In jedem besseren Badeort gibt es Tennisplätze. Vielerorts kann man gegen Gebühr auch an Hotels und Campingplätzen aufschlagen.

WANDERN

Die Provence bietet Wanderwege für jeden Geschmack und Fitnessgrad. Passionierte Wanderer strapazieren ihre Waden gerne in den Seealpen (v. a. Mercantour-Nationalpark), im Canyon du Verdon, in den Calanques und im Massiv des Maures. Sehr beliebt sind auch die einzelnen Etappen des Sentier littoral, der sich auf 200 Kilometern an der Küste entlangschlängelt. Der Wanderweg, auf dem früher Napoléons Zöllner Dienst schoben, führt auf Schritt und Tritt am Meer entlang und bietet Streckenabschnitte unterschiedlicher Schwierigkeitsgrade. Wer auf eigene Faust losmarschiert, orientiert sich an den rot-gelben Markierungen der regionalen Wanderwege. Fernwanderwege (Grande randonnée, GR) sind rot-weiß gekennzeichnet.

WANDERN AUF NATURLEHRPFADEN

Ein Netz von familiengerechten Naturlehrpfaden und Wanderwegen durchzieht den Lubéron-Naturpark. Das Naturparkhaus »Maison du Parc Naturel Régional du Lubéron« in Apt informiert über die besten Wandermöglichkeiten. Neben Kartenmaterial gibt es hier auch eine sehenswerte Ausstellung über Flora und Fauna des Gebietes sowie Infos über Wanderwege (Place Jean-Jaurès, 60, Tel. 04 90 04 42 00, 8.30-12 u. 13.30-19 Uhr). Wanderer treffen sich auch gern am Mont Ventoux. Vor allem an der Südseite, die flach in die Ebene von Carpentras abfällt. Die Auswahl an Wandermöglichkeiten ist hier unerschöpflich. Geführte Wanderungen werden von vielen umliegenden Städten angeboten. Ausgangspunkt vieler Wanderwege auf den Mont Ventoux ist Flassan.

Großer Beliebtheit erfreuen sich die Nachtwanderungen auf den Berg, die von Mitte Juni bis Ende August jeden Freitagabend durchgeführt werden. Zum Frühstück gibt es einen unvergesslichen Sonnenaufgang. Auskunft über Wandermöglichkeiten beim Fremdenverkehrsamt von Sault (Tel. 04 90 64 01 21).

WINTERSPORT

Skifahren in Südfrankreich? Na klar. Man trifft sich am Mont Ventoux (Le Chalet-Reynard, Mont Serein), vor allem aber in den Seealpen, die mit über hundert Skiliften und mehr als 200 Kilometer Langlaufloipen bestens erschlossen sind. Im Frühjahr ist sogar die Kombination von Schnee und Meer möglich: Wo kann man schon morgens Schneemänner und nachmittags Sandburgen bauen.

Frische-Kick im Roya-Tal

Ein Ausflug ins kühle Hochtal der Roya ist ideal für alle, denen es an der Küste zu heiß wird. Neben schöner Natur, einer herrlichen Landschaft und charmanten Dörfern bietet das Tal eine Vielzahl von Freizeitsportmöglichkeiten: Canyoning und Kajakfahren auf der Roya, Mountainbiking, Wandern im nahen Parc National du Mercantour (siehe Seite 147) und sogar Golfen mit Blick aufs Meer sind hier möglich. Also, nichts wie hin!

Herausgeber: Olympus Optical Co. (Europe) GmbH

Verlag: COMPANIONS GmbH
Rödingsmarkt 9, 20459 Hamburg,
Tel. 040-306 04-600, Fax 040-306 04-690,
E-Mail: info@companions.de, Internet: www.companions.de

Autor: Andreas Lück
Lektorat und Schlussredaktion: Dr. Beatrix Müller
Schlusskorrektur: Arnd M. Schuppius

Produktion: Carin Behrens
Titelgestaltung und Layoutkonzeption: Cornelia Prott
Grafik: Sally Johnson
Gesamtherstellung: EuroGrafica S.p.A., Vicenza

Bildnachweis:
Comité Departemental du Tourisme des Bouches-du-Rhone S.42, 51;111, 150; CDTL/ Marc Carpentier S.119; Jean Luc Seille/ Conseil Général de Vaucluse S.144
Alle anderen Fotos stammen vom Autor.
Titelfoto: The Stock Market
Kartographie: Jochen Fischer Kartographie, Fürstenfeldbruck

Der Autor dankt seiner Frau Claudia, seinem Sohn Noah (4 Jahre) und seiner Tochter Eva (1 Jahr).

Wir danken: Arne Feddersen, Kerstin Gonsior und allen anderen, die zum Gelingen des Buches beigetragen haben.

ISBN 3-89740-275-0

Gedruckt auf 100 % chlorfrei gebleichtem Papier.